Airline Cabin Services

처음 배우는
항공객실업무

문희정 · 김정은 · 강다이 공저

(주)백산출판사

머리말

누군가에게는 설레는 여행의 시작이고, 또 다른 누군가에게는 오랜 기다림 끝의 만남일지도 모르는 비행. 그 특별한 순간마다 조용히 곁을 지키는 사람이 있습니다. 바로 객실승무원입니다.

승무원을 떠올리면 단정한 유니폼과 밝은 미소가 먼저 떠오릅니다. 하지만 그 이면에는 수많은 준비와 책임, 그리고 보이지 않는 수고가 자리하고 있습니다. 그런 승무원의 하루가 어떤 모습으로 이루어지는지를 『처음 배우는 항공객실업무』에서 조심스럽고도 따뜻한 시선으로 들여다보았습니다.

이 책은 항공 객실승무원의 진로를 탐색하거나, 항공 객실승무원의 업무를 처음부터 차근차근 이해하고자 하는 학생들을 위해 썼습니다. 직무에 대해 아직 확신이 없는 이들도 부담 없이 시작할 수 있도록, 쉬운 용어와 친절한 설명으로 구성하였으며, 단순한 지식 전달을 넘어 직업의 의미를 함께 느낄 수 있도록 하였습니다.

1장에서는 대형 항공사(FSC), 저비용 항공사(LCC), 항공사 얼라이언스 등 항공사의 유형과 특징을 중심으로 항공업의 기본 개념을 살펴봅니다. 2장에서는 지상 서비스, 객실 서비스, 기내 특화 서비스 등 항공사가 제공하는 다양한 서비스의 범위를 소개하였습니다. 3장에서는 항공기의 외부 · 내부 구조와 비상장비를 중심으로, 기내 서비스와 안전업무의 기반이 되는 물리적 환경을 이해하고, 4장에서는 객실승무원의 정의, 자질, 자격, 직급체계를 통해 직무에 대한 전반적인 틀을 정리하였습니다. 5장에서는 탑승 전부터 착륙 후까지의 실제업무절차를 단계별로 설명하며, 6장에서는 고객 응대의 기본 자세, 화법, 불만 고객 응대, 돌발 상황 대처까지 서비스 전문가로서의 실무 역량을 함께 익힐 수 있도록 구성하였습니다.

무엇보다 이 책은 직무를 공부하는 데 그치지 않고, 사람을 대하는 마음가짐과 태도를 함께 생각해 보는 길잡이가 되고자 합니다. 고객을 먼저 이해하는 눈, 함께 일하는 동료를 존중하는 마음, 예기치 못한 상황에서도 차분히 대처하는 자세는 항공 서비스뿐만 아니라 모든 서비스 현장에서 소중하게 여겨지는 가치입니다.

『처음 배우는 항공객실업무』가 여러분의 새로운 시작에 따뜻한 등불이 되어주기를 바랍니다. 작은 호기심이 깊은 관심으로, 그리고 탄탄한 실력으로 이어지는 여정을 이 책이 함께하길 바랍니다.

2025년 6월

저자 일동

차 례

5장 객실승무원의 업무절차

6장 고객 응대

부록: 객실승무원의 채용

AIRLINE
CABIN SERVICES

1장

항공사의 이해

1 대형 항공사(FSC, Full Service Carrier)

대형 항공사는 FSC(Full Service Carrier)라고도 칭하며 기내식음료, 위탁 수하물, 좌석 선택, 기내 엔터테인먼트 및 다양한 기내서비스를 제공하는 항공사를 의미한다. 대형 항공사는 다양한 클래스를 보유하고 있으며 객실 등급은 퍼스트(First class), 비즈니스(Business class), 이코노미(Economy class)로 나누고 있다. 또한, 클래스 등급에 맞는 기내식과 서비스에 차별을 두고 있다. 우리나라의 대표적인 대형 항공사로 대한항공과 아시아나항공이 있다.

대형 항공사는 허브공항(Hub Airport)을 중심으로 운항 네트워크를 구축한다. 이를 통해 장거리 노선을 효율적으로 운영하고 환승 승객을 유치하여 항공기 운항의 경제성을 높인다. 대표적으로 대한항공은 인천국제공항, 싱가포르항공은 창이국제공항, 에미레이트항공은 두바이국제공항을 허브로 활용하고 있다.

대형 항공사(FSC, Full Service Carrier)의 특징

① 광범위한 네트워크: 여러 국가와 도시를 연결하는 다양한 국제 및 국내 노선을 제공

② 고급 서비스: 비즈니스 클래스, 퍼스트 클래스 등의 다양한 좌석 옵션과 프리미엄 서비스 제공

③ 대형 항공기 운영: 대부분의 항공기가 대형 여객기이므로 더 많은 승객을 수용

④ 추가 서비스: 기내식, 엔터테인먼트, 공항 라운지, 수하물 서비스 등 다양한 부가 서비스 제공

⑤ 글로벌 항공사 동맹: 다른 항공사와 협력하여 더 넓은 목적지로의 연결성과 혜택을 제공

⑥ 수하물, 마일리지 혜택: 무료 위탁 수하물 허용과 마일리지 적립 사용 가능

여기서 **잠깐!**

허브 공항이란 무엇일까요?

허브 공항(Hub Airport) 또는 거점 공항은 특정 지역에서 중요한 역할을 하는 중심 공항을 말하는 거예요. 예를 들어, 미국으로 가는 승객이나 화물이 특정 공항을 경유하는 경우, 그 공항은 주요 환승 거점으로 허브 공항이라 불리고 있어요. 이러한 공항은 사람과 물류의 중심지가 되어 이동과 효율성을 높이는 역할을 하기도 합니다. 또한, 개별 항공사가 주요 운항지로 삼아 자주 이용하는 공항을 의미하기도 해요.

1) 대한항공

대한항공은 1969년 3월 1일, 8대의 항공기를 시작으로 (주)한진상사에서 대한항공으로 명칭을 변경하고 성장했다. 초기 국제 노선으로 일본, 대만, 홍콩, 베트남을 거쳐 태국 방콕을 연결하였고, 1970년대에는 미주, 유럽, 중동 노선으로 확장을 이어갔다. 대한항공은 1984년에 CI를 태극 무늬 문양으로 변경하며 대한민국 항공사로서의 정체성을 확고히 하였다. 1980년대와 1990년대에도 미주 및 유럽 노선 확대와 항공기 대수 증가로 꾸준한 성장을 보여주었다. 2000년에는 '스카이팀' 창립 멤버로 글로벌 네트워크를 강화했다. 2011년 A380을 도입해 고급 서비스를 제공하며 브랜드 이미지를 강화했다. 2018년에는 인천국제공항 제2여객터미널로 이전해 고객 서비스를 개선했다. 또한 아시아나항공과의 통합을 추진하며 더 강력한 글로벌 항공사로 성장할 것을 목표로 하고 있다. 이에 따라, 2025년 3월 11일, 대한항공은 41년 만에 고유의 태극 마크를 현대적인 감각으로 재탄생시킨 새로운 로고를 선보였다. 이는 통합 항공사로서의 정체성을 확립하기 위한 노력의 일환이다.

항공사명	대한항공, Korean Air
IATA CODE	KE
설립일	1969년 3월 1일
설립자	조중훈
항공기 보유 수	161대(여객기 138대, 화물기 23대) *2025년 1월 기준
직원 수	18,257명 *2024년 9월 기준
슬로건	Excellence In Flight
CI	대한항공 KOREAN AIR 다크블루 색상을 적용하여 현대적이고 절제된 이미지 구현
주요 역사	1969년: 대한항공 창립, 첫 국제 노선 개설 1970-80년대: 미주, 유럽, 중동 노선 확대 2000년: 스카이팀 창립 멤버 2011년: A380 도입 2020년: 아시아나 통합 결정 2025년: 새로운 CI 도입
항공기 외장변천사	 1984년 이전 도장  1984~2025년 2월 도장  2025년 3월 도장(출처: 대한항공 뉴스룸 홈페이지, 신규 CI를 적용한 대한항공 보잉 787-10 항공기 이미지)

출처: 대한항공 홈페이지, 나무위키

대한항공 유니폼 변천사

대한항공은 긴 역사만큼 유니폼 디자인에도 많은 변화를 거쳐 왔다.
시대별 유니폼 디자인을 한번 살펴볼까요?

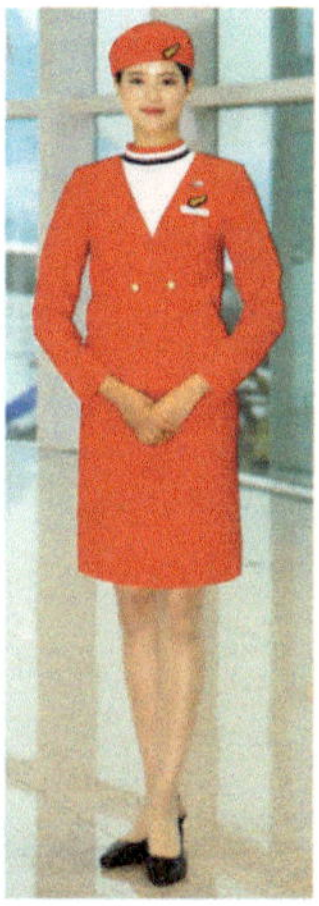
1기 1969년 3월 ~1970년 2월

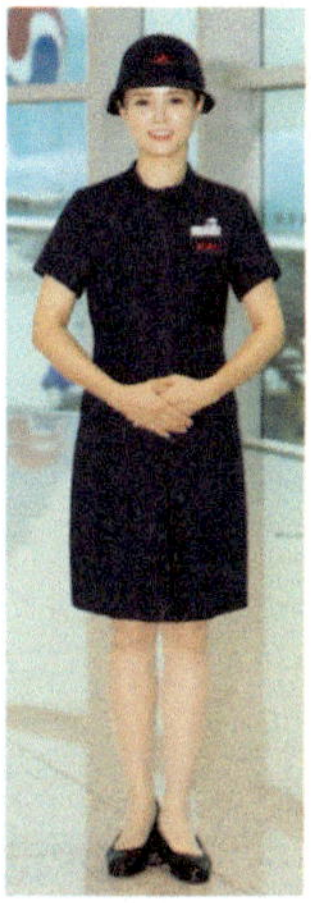
2기 1970년 3월 ~1971년 6월

3기 1971년 7월 ~1972년 12월

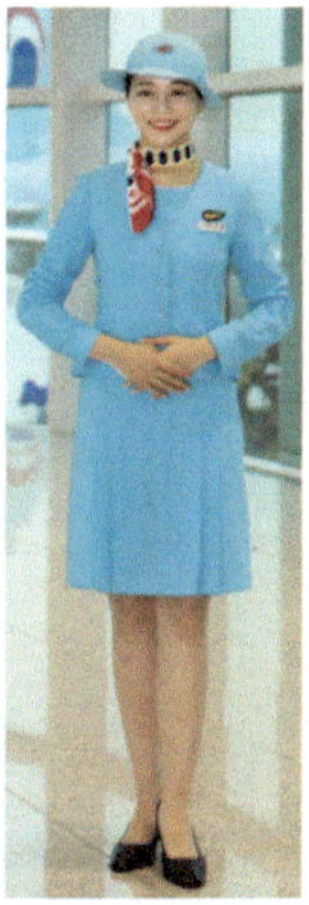
4기 1973년 1월 ~1974년 4월

5기 1974년 5월 ~1976년 5월

6기 1976년 6월 ~1977년 12월

7기 1978년 1월 ~1980년 3월

8기 1980년 4월 ~1986년 3월

9기 1986년 4월 ~1990년 12월

10기 1991년 1월 ~2005년 2월

출처: 대한항공 뉴스룸 홈페이지

11기 유니폼 2005년 3월~ 현재까지

대한항공 유니폼은 이탈리아 디자이너 지안프랑코 페레가 한국의 우아함과 세련미를 결합해 디자인한 작품으로, '유니폼 패션의 혁신'과 '명품 유니폼'이라는 찬사를 받았다. 국내 최초로 바지 정장을 도입하며 실용성과 품격을 더했고, 청자색과 베이지색을 기본으로 한 색상은 한복과 청명한 가을 하늘에서 영감을 받아 밝고 부드러운 분위기를 연출했다. 특히 재킷과 비녀를 연상시키는 헤어 액세서리, 비상하는 느낌의 스카프 등 소품까지 세심하게 설계되어 국내외에서 큰 관심을 받으며 유니폼 디자인의 새로운 기준을 세웠다.

출처: 대한항공 뉴스룸 홈페이지

2) 아시아나항공

아시아나항공은 1988년 2월 17일 서울항공㈜로 설립되어 같은 해 8월 아시아나항공으로 사명을 변경했다. 처음으로 서울–부산, 서울–광주 노선을 운항하고 1990년부터 국제선 확장을 시작해 LA, 도쿄, 홍콩 노선을 추가했다. 2003년 스타얼라이언스에 가입하고, 2006년 CI를 변경했으며, 2008년 창립 20주년을 맞아 항공기 도색을 변경했다. 2007년부터 2013년까지 스카이트랙스 5성 항공사 인증을 받았다. 그러나 금호아시아나그룹의 경영난으로 2016년 구조조정이 있었고, 2018년 창립 30주년을 맞아 경영 정상화를 발표했다. 대한항공과 아시아나항공은 2020년 11월 16일 합병 결정을 내렸으며, 2024년 11월 15일에 합병을 완료하였다. 합병을 통해 두 항공사는 경쟁력을 강화하고, 더욱 강력한 글로벌 항공사로 도약하고 있다.

항공사명	아시아나항공, Asiana Airlines
IATA CODE	OZ
설립일	1988년 2월 17일
설립자	박인천
항공기 보유 수	93대(여객기 80대, 화물기 13대) *2024년 7월 기준
직원 수	7,882명 *2024년 9월 기준
슬로건	Better flight, Better tomorrow
CI	**ASIANA AIRLINES** 견고한 정자 형태로 '신뢰' 이미지 전달
주요 역사	1988년: 아시아나항공 설립, 서울-부산, 서울-광주 노선 운항 시작 1990년대: 국제선 확대(도쿄, 홍콩, LA 노선) 2003년: 스타얼라이언스 가입 2008년: 창립 20주년, 5성 항공사 인증 2024년 : 대한항공과 아시아나 합병
항공기 외장변천사	 1988년 설립 이후~2006년(출처: Photo by Sam Chui, 위키피디아)   2006년~현재

내용출처: 아시아나항공 홈페이지, 나무위키

아시아나항공 유니폼

아시아나항공 승무원 유니폼은 웜 그레이와 브라운 톤으로 세련되고 편안한 디자인을 갖추었다. 전통 색동 패턴을 현대적으로 해석해 다양성과 조화를 상징하며, 글로벌 서비스 정신을 반영한다. 스카프와 정장 디테일에도 색동 요소를 적용해 전통과 현대적 감각이 조화를 이루는 것이 특징이다.

출처: 아시아나항공 홈페이지

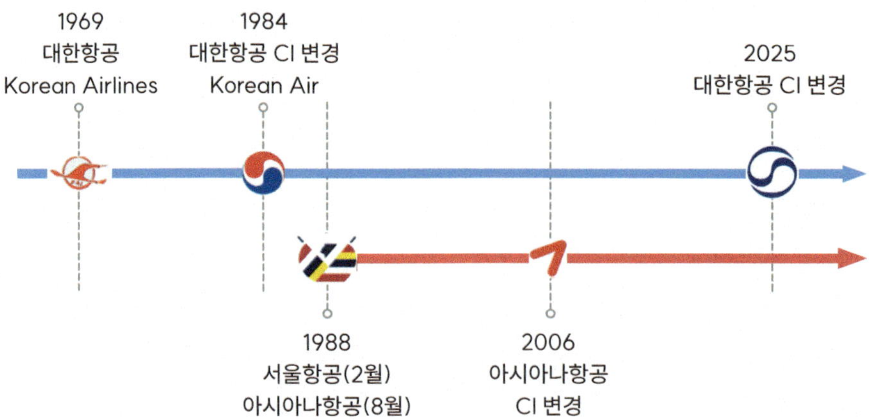

출처: http://gneir.com

대형 항공사 FSC의 역사와 변천과정

② 저비용 항공사(LCC, Low Cost Carrier)

저비용 항공사란 LCC(Low Cost Carrier)로 불리며, FSC(Full Service Carrier)와 달리 기내 서비스 제공을 최소화하고 유지 비용을 절감함으로써 운영 효율성을 높이고, 비교적 낮은 운임을 제공하는 항공사로 정의된다. LCC항공의 시초로 알려진 미국의 사우스웨스트항공(Southwest Airlines)은 1967년에 설립되어 1971년 첫 운항을 시작했다. 1990년대로 들어서며 유럽으로 확산되었고, 2000년대 초 아시아로 확산되었다.

우리나라에서도 다양한 LCC항공사가 설립되어 활발히 운항 중이다. 국내 최초의 저비용 항공사는 2003년에 설립된 충청항공으로, 2004년에 한성항공으로 사명을 변경했다. 이후 지속적인 경영난으로 운항과 중단을 반복하다가, 2010년 8월 사명을 티웨이항공으로 변경해 현재까지 운영되고 있다. 현재 우리나라에서는 2025년 기준 총 9개의 저비용 항공사가 운항 중이다.

저비용 항공사(LCC, Low Cost Carrier)의 특징

① 소형 항공기 활용: 단거리 비행에 적합한 소형 항공기를 이용해 단거리 운항 중심으로 운영

② 직항 노선 방식: Poin to Point라 하며 출발지와 목적지를 경유 없이 Non-stop으로 운항

③ 항공기 기종 단일화

- 조종사와 승무원 훈련 비용 절감
- 기종별 물품 비용 절감으로 운임 인하 가능

④ 객실 및 서비스 단일화

- 객실 등급 단일화
- 기내 엔터테인먼트와 기내식 서비스 축소
- 식음료 서비스 유료화로 추가 수익 창출

⑤ IT 기술 도입

– 모바일 및 인터넷 예약 시스템으로 편리성 제공

– 키오스크를 통한 발권으로 인건비와 운영비 절감

1) 제주항공

제주항공은 2004년 애경그룹과 제주특별자치도가 공동 설립한 저비용 항공사로, 2005년 1월 25일 창립했다. 2006년 제주–김포 노선을 시작으로 부산과 양양까지 노선을 확장하며 국내선 운영을 본격화했고, 2008년 제주–히로시마 노선을 통해 국제선에 진출했다. 현재 저비용 항공사 중 가장 많은 정기 노선을 운영하고 있으며, 2008년 도입한 보잉 737–800기종으로 전 항공기를 통일했다.

2014년부터는 '제주항공을 타면 고객이 즐거워야 한다'는 모토 아래 비행편마다 기내 특화 서비스팀을 운영하며, 합리적인 가격과 차별화된 서비스로 국내 저비용 항공사 시장에서 빠르게 성장하며 확고한 입지를 다졌다.

항공사명	제주항공, JEJUair
IATA CODE	7C
설립일	2005년 1월 25일
설립자	채몽인
항공기 보유 수	42대
직원 수	3,188명 *2024년 9월 기준
슬로건	가자, 우리에겐 J가 있다 GO WITH JEJU
CI	JEJUair 제주의 자연을 형상화하고 오렌지와 블루 색상으로 신뢰와 신선함을 강조하며, 아시아 최고의 LCC로 도약 의지를 담았다.

주요 역사	2004년: 애경그룹과 제주특별자치도가 공동 설립 2005년: 제주항공 창립(1월 25일) 2006년: 국내선 본격 운영(제주-김포, 부산, 양양 노선 확장) 2008년: 국제선 진출(제주-히로시마 노선) 2014년: 기내 특화 서비스팀 운영 시작
항공기 외장	

출처: 제주항공 홈페이지, 나무위키

2) 티웨이항공

우리나라 최초의 저비용 항공사 중 하나인 한성항공이 2010년 토마토저축은행의 자회사에 인수되면서 티웨이항공으로 사명을 변경하였다. 2014년부터 국제선 운항을 본격화하며 동남아와 일본 등 다양한 노선으로 확대했다. 2022년 A330-300 대형 항공기를 도입하고, 같은 해 12월 인천-시드니 장거리 노선을 개척했다. 2023년에는 코타키나발루와 비슈케크(키르키스탄 수도) 국제선을 신규 취항했고, 2024년 A330-200기종을 도입하여 LCC 최초로 유럽 노선인 인천-자그레브를 개설했다. 이후 자그레브(크로아티아 수도)를 시작으로 파리, 로마, 프랑크푸르트, 바르셀로나 등의 노선도 취항하며 지속적인 성장세를 이어가고 있다.

항공사명	티웨이항공, t'way
IATA CODE	TW
설립일	2003년 5월 19일
설립자	정홍근
항공기 보유 수	38대 *2025년 1월 기준
직원 수	3,725명 *2024년 9월 기준

슬로건	CHANGE BEGINS
CI	t'way
주요 역사	2010년: 티웨이항공으로 사명을 변경하고 운항 재개 2014년: 국제선 운항 본격화, 동남아와 일본 등지로 노선 확대 2022년: A330-300 도입, 인천-시드니 장거리 노선 운항 시작 2023년: 코타키나발루와 비슈케크 국제선 취항 2024년: A330-200 도입, 인천-자그레브 유럽 노선 개척 파리, 로마, 프랑크푸르트, 바로셀로나 노선 확대
항공기 외장	 A330-200

출처: 티웨이항공 홈페이지, 나무위키

여기서 **잠깐!**

티웨이항공 파트너십 '피카츄제트 TW'란 무엇일까요?

2022년 12월 28일, 티웨이항공은 국내 항공사 최초로 포켓몬과 파트너십을 맺고 '피카츄제트 TW'를 선보였어요. 이는 '하늘을 나는 피카츄 프로젝트'의 일환으로, 포켓몬 테마의 기내 장식과 용품, 스페셜 에디션 굿즈 등을 제공하는 특별한 항공편이에요.

티웨이항공 유니폼

티웨이항공의 유니폼은 현장 직원들의 의견을 반영해 실용성과 개성을 고려하여 디자인되었다. 항공사의 대표 색상인 '레드'를 중심으로 젊고 활기찬 이미지를 강조하며, 모던한 분위기를 담고 있다. 객실승무원 유니폼은 치마, 바지, 원피스 등 다양한 스타일로 구성되어 다채롭게 연출할 수 있다.

각자의 개성을 존중하는 티웨이항공!

특히 2018년 5월에는 각자의 개성을 존중하는 의미를 담아 국적항공사 최초로 객실승무원의 헤어스타일 규정을 없애기도 했다.

출처: 티웨이항공 홈페이지

3) 진에어

진에어는 2008년 한진그룹의 자회사로 설립되어 저비용 항공사(LCC) 시장에 진출했다. 그해 7월 17일 첫 비행을 시작하며 국내선 운항을 본격화했고, 2010년부터 부산–서울, 서울–제주 등 다양한 국내 노선을 운항하기 시작했다. 2011년에는 국제선 운항을 시작하며 서울–홍콩, 서울–마카오 등의 아시아 주요 노선을 추가로 개설했다. 2014년에는 운항 기종의 다양화와 서비스 개선을 통해 경쟁력을 높였고, 2017년부터는 동남아와 일본을 중심으로 국제선 노선을 추가 개설하며 시장을 확장했다. 2019년에는 항공기 도입과 노선 확대를 통해 지속적으로 성장을 이어갔으며, 현재 진에어는 한진그룹의 계열사로 국내외에서 안정적인 저비용 항공사로 자리 잡고 있다.

항공사명	진에어, JINAIR
IATA CODE	LJ
설립일	2008년 1월 23일
설립자	한진그룹
항공기 보유 수	32대 *2025년 1월 기준
직원 수	2,084명 *2024년 12월 기준
슬로건	Fly, better fly
CI	나비의 형상과 비행기를 결합하여, 여행자가 새로운 곳으로 떠나는 자유롭고 이국적인 특성을 상징
주요 역사	2008년: 한진그룹 자회사로 설립, 저비용 항공사 시장 진입 2010년: 부산-서울, 서울-제주 등 국내 노선 운항 2011년: 국제선 운항 시작, 서울-홍콩, 서울-마카오 개설 2014년: 운항 기종 다양화, 서비스 개선 2017년: 동남아, 일본 등 국제선 노선 추가
항공기 외장 변천사	 2008~2017년  2017~현재

출처: 진에어 홈페이지, 나무위키

진에어 유니폼 변천사

진에어의 유니폼은 3번의 변화 과정이 있었으며 초창기 유니폼은 승무원의 유니폼 개념을 깬 청바지에 모자로 활동성을 강조하였고 두 번째 유니폼은 정장 팬츠에 조금더 전문성과 격식을 강조하였다. 최근에는 실루엣과 착용감을 개선해 보다 현대적인 유니폼으로 리뉴얼하였다.

2008~2013

2013~2019

2019~현재

출처: 진에어 홈페이지

4) 에어부산

에어부산은 2007년 부산광역시와 금호아시아나그룹의 공동 투자로 설립되어, 2008년 10월 27일 첫 비행을 시작했다. 2009년에는 부산-서울 노선을 통해 국내선 운항을 본격화했으며, 2010년 부산-도쿄 노선을 시작으로 국제선 운항에도 진출했다. 이후 2011년부터 동남아시아와 일본을 중심으로 노선을 확장하며 꾸준히 성장해 왔다.

에어부산은 김해국제공항을 허브로 삼은 유일한 저비용 항공사로, 대부분 인천공항을 중심으로 운영하는 다른 항공사들과 달리 창사 이래 김해공항 중심 원칙을 고수하고 있다. 또한, 국내의 다른 저비용 항공사들이 주로 보잉 항공기를 사용하는 것과 달리, 에어부산은 에어버스 항공기만 운용한다는 점이 큰 특징이다.

항공사명	에어부산, AIR BUSAN
IATA CODE	BX
설립일	2007년 8월 31일
설립자	금호아시아나그룹과 부산광역시의 공동 투자
항공기 보유 수	20대 *2025년 1월 기준
직원 수	1,271명 *2024년 7월 기준
슬로건	Fly Smart, 여행의 지혜
CI	AIR BUSAN 부산의 바다, 갈매기, 하늘을 조합하여 글로벌 도약과 희망을 상징
주요 역사	2007년: 부산광역시와 금호아시아나그룹의 공동 투자로 설립 2009년: 부산-서울 노선 운항으로 국내선 운항 본격화 2010년: 부산-도쿄 노선 개설로 국제선 운항 시작 2011년: 동남아시아 및 일본 중심으로 노선 확장 2013년: 부산-홍콩 노선 개설로 국제선 네트워크 확대

항공기 외장	 A320-232

출처: 에어부산 홈페이지

에어부산 유니폼

에어부산 승무원 유니폼은 부산의 바다와 하늘을 연상시키는 딥블루 색상을 기반으로 디자인되었다. 원버튼 싱글 수트 스타일로 바지와 스커트 두 가지 옵션이 제공된다. 또한, 동백꽃을 형상화한 스카프로 세련되면서도 친근한 이미지를 강조한 것이 특징이다.

출처: 에어부산 공식인스타그램

5) 이스타항공

이스타항공은 2007년 10월 23일 설립되어 2009년 1월 7일 김포-제주 노선으로 운항을 시작했다. 이후 2010년부터 일본, 중국, 홍콩 등 다양한 국제 노선으로 확장하며 저비용 항공사(LCC)로서의 입지를 다졌다. 그러나 2020년 코로나19 영향으로 경영 위기에 직면하여 운항을 중단하였고, 2021년 6월 건설업체 성정이 인수하여 운항 재개를 시도했으나, 2023년 1월 사모펀드 VIG파트너스에 지분 100%를 양도하며 새로운 경영진하에 운항을 재개하였다. 그 후, 2023년 3월 26일 김포-제주 노선으로 운항을 재개하였으며, 현재까지도 활발한 운항을 이어가고 있다.

항공사명	이스타항공, EASTAR JET
IATA CODE	ZE
설립일	2007년 10월 23일
설립자	이상직
항공기 보유 수	15대 *2024년 10월 기준
직원 수	780명 *2024년 2월 기준
슬로건	새로운 이스타, 새로운 여행 Let's Fly Again
CI	EASTAR JET 이탤릭체와 곡선을 활용해 부드럽고 유연한 역동성과 진취적 이미지를 표현
주요 역사	2007년: 이스타항공 설립 2009년: 김포-제주 노선으로 운항 시작 2010년: 일본, 중국, 홍콩 등 다양한 국제 노선으로 확장 2020년: 코로나19로 인해 운항 전면 중단 2023년 3월 26일: 김포-제주 노선으로 운항 재개
항공기 외장	

출처: 이스타항공 홈페이지, 나무위키

이스타항공 유니폼

이스타항공 승무원 유니폼은 남색을 기본으로 붉은색 포인트를 더해 역동적이고 진취적인 이미지를 강조한다. 한복 저고리를 연상시키는 소매 디자인과 치마 옆트임 및 리본 디테일을 적용해 전통미와 활동성을 고려한 것이 특징이다. 이를 통해 이스타항공의 브랜드 아이덴티티를 효과적으로 반영하고 있다.

출처: 이스타항공 공식 인스타그램 eastarjet_official

6) 에어서울

에어서울은 2015년 4월 7일 설립되어, 2016년 7월 11일 김포-제주 노선 첫 비행을 시작하며 저비용 항공사(LCC) 시장에 진입했다. 금호아시아나그룹의 계열사로, 주로 인천-동남아시아와 일본 등 다양한 국제 노선을 운영하며 규모를 확장하고 있다. 2019년 '채널A-비행기 타고 가요'와 2022년 'KBS-사장님 귀는 당나귀 귀' 프로그램 촬영을 통해 효과적으로 홍보를 진행하며, 브랜드 이미지를 확고히 다지는 계기가 되었다. 에어서울 역시 에어부산과 마찬가지로 에어버스 A321기종만 운항하고 있다.

항공사명	에어서울, AIR SEOUL
IATA CODE	RS
설립일	2015년 4월 7일
설립자	금호아시아나그룹
항공기 보유 수	6대 *2024년 3월 기준
직원 수	382명 *2024년 12월 기준
슬로건	It's mint time
CI	AIR SEOUL Air Seoul MINT는 에어서울의 서비스 가치인 Open, Refresh, Relax, Pleasant를 상징
주요 역사	2015년: 에어서울 설립 2016년: 김포-제주 국내, 인천-다카마쓰 국제 노선 취항 2017년: 인천-괌 노선 취항 2019년: '비행기 타고 가요' 프로그램 촬영 홍보 2022년: '사장님 귀는 당나귀 귀' 프로그램 촬영 홍보
항공기 외장	

출처: 나무위키, 에어서울 홈페이지

에어서울 유니폼

에어서울의 유니폼은 실용성을 고려해 모자와 스카프는 생략하고, 탈부착이 가능한 블랙과 민트색의 옷깃을 사용했다. 여성 승무원은 민트 포인트가 있는 블랙&그레이 니트 상의, 블랙 재킷과 치마를 착용하고, 남성 승무원은 같은 상의에 블랙 바지를 입는다. 이 디자인은 에어서울의 브랜드 이미지인 'Open, Refresh, Relax, Pleasant'를 반영하며, 젊고 발랄하면서도 단정한 느낌을 준다.

출처: 나무위키

7) 에어로케이

에어로케이는 2016년 한화그룹을 포함한 투자자들에 의해 출범한 대한민국의 초저비용 항공사로, 청주국제공항을 허브로 두고 있다. 2019년 국토교통부의 항공운송면허 발급 승인 후 2021년 청주-제주 노선을 취항했으나, 저조한 탑승률과 엔진 결함 등으로 경영 위기를 겪었다. 2022년 대명화학그룹이 경영권을 인수하고, 2023년 에어버스 A320-200기종을 도입하며, 청주-오사카, 타이베이, 클라크 등 국제 노선을 개척했다. 에어로케이는 젠더리스 유니폼 등 혁신적인 디자인을 통해 브랜드 이미지를 강화하고 있다.

항공사명	에어로케이, Aero K
IATA CODE	RF
설립일	2016년 5월 18일
설립자	한화그룹
항공기 보유 수	6대 *2024년 10월 기준
직원 수	425명 *2025년 1월 기준
슬로건	새로운 여정의 시작
CI	
주요 역사	2016년: 에어로케이 설립 2019년: 국토교통부의 항공운송면허 발급 승인 2021년: 청주-제주 노선 취항 2023년: 청주-오사카, 타이베이, 클라크 국제 노선 취항 2024년: 청주-마닐라, 울란바토르 국제 노선 취항
항공기 외장	

출처: 나무위키, 에어로케이 홈페이지

여기서 **잠깐!**

초저비용 항공사(Ultra Low Cost Carrier, ULCC)란?

기존 저비용 항공사보다 운임을 더 낮추고 유료 서비스를 극대화한 항공사를 일컫는 표현이에요. 초저비용 항공사는 별도의 카테고리로 구분되지는 않지만, 기본 서비스는 최소화되고 유료 서비스가 크게 강조되는 특징이 있어요.

에어로케이 유니폼

에어로케이의 유니폼은 성별 구분이 최소화된 젠더리스 디자인으로, 안전과 실용성을 중시하며 제작되었다. 특히 객실승무원 유니폼은 스커트 대신 통기성이 좋은 바지와 인체공학적 운동화를 사용해 장시간 근무 시 피로감을 줄일 수 있도록 설계되었다. 이 혁신적인 디자인은 글로벌 어워드에서 동상을 수상하기도 했다.

출처: 나무위키

8) 에어프레미아

에어프레미아는 2017년에 설립된 대한민국의 프리미엄 저비용 항공사(LCC)로, 2020년 7월 3일 첫 상업 비행을 시작했다. 에어프레미아는 기존 저비용 항공사의 운영 방식에 프리미엄 서비스를 결합한 하이브리드 전략(HSC, Hybrid

Service Carrier)을 제시하며 주목을 받았다. 퍼스트 클래스나 비즈니스 클래스는 없지만, 프리미엄 이코노미 좌석을 추가하여 서비스를 제공하고 있다. 설립 초기부터 국제선 운항을 목표로, 2021년에는 인천-하노이 노선 등 해외 노선 확대를 시작하였고, 2022년에는 차세대 중장거리 기종인 보잉 787 드림라이너를 도입하여 장거리 운항을 강화했다.

항공사명	에어프레미아, AIR PREMIA
IATA CODE	YP
설립일	2017년 7월 27일
설립자	김종철
항공기 보유 수	6대 *2024년 12월 기준
직원 수	636명 *2024년 기준
슬로건	Balanced Premium
CI	AIR PREMIA
주요 역사	2017년: 에어프레미아 설립 2021년: 김포-제주 국내선 취항 2022년: 싱가포르, 호찌민, 로스앤젤레스, 나리타 국제선 취항 2023년: 뉴욕, 방콕, 프랑크푸르트 국제선 취항 2024년: 샌프란시스코 국제선 취항
항공기 외장	

출처: 나무위키, 에어프레미아 홈페이지

에어프레미아 유니폼

에어프레미아의 유니폼은 단순함, 편안함, 우아함을 중시한다. 특징적으로 브랜드 심벌 패턴이 들어간 스카프와 큐롯팬츠(치마바지)가 특징이다. 이는 승무원들의 활동 편의성을 높이고 격식을 갖추어 고객에게 양질의 서비스를 제공하려는 에어프레미아의 의지를 담고 있다.

출처: 에어프레미아 공식 인스타그램 airpremia_official

9) 파라타에어(구 플라이 강원)

2016년에 설립된 플라이 양양은 2023년 플라이 강원으로 사명을 변경한 뒤, 2024년 7월 30일 파라타에어로 최종 사명을 변경하였다. 이 항공사는 강원도 양양국제공항을 허브 공항으로 사용하고 있다. 2019년 양양-제주 노선 신규 취항을 시작으로, 2020년에는 양양-클라크 국제 노선도 개설하였다. 2024년 7월 30일 생활가전 기업 위닉스가 경영권을 인수한 후, 2024년 9월 9일 새로운 기업 아이덴티티(CI)와 슬로건 'Fly New'를 발표하며 재도약을 준비하고 있다.

항공사명	파라타에어, PARATA AIR(구 플라이 강원)
IATA CODE	4V
설립일	2016년 4월 12일
설립자	양해구
슬로건	Fly New
CI	PARATA AIR 'A'를 새로 형상화한 에이버드(A-Bird) 심벌을 사용 에이버드 심벌은 하늘을 향해 비상하며, 차별화된 고객 서비스를 제공하는 신뢰성 있는 항공사의 브랜드 철학을 강조
주요 역사	2016년: 플라이 양양 설립 2019년: 양양-제주, 양양-타이베이 신규 취항 2023년: 플라이 강원으로 사명 변경 2024년: 위닉스 경영권 인수, 파라타에어로 사명 변경

출처: 나무위키

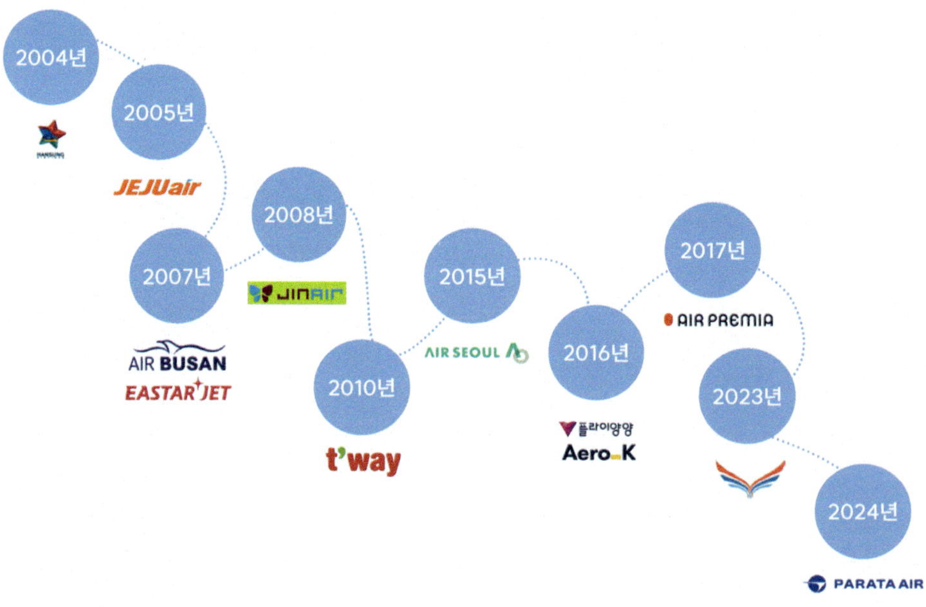

출처: http://gneir.com

저비용 항공사 LCC의 역사와 변천과정

항공기 외장 디자인

항공기 외장 디자인은 단순히 보기 좋기 위해서가 아니라, 브랜드 전략, 안전성, 효율성, 그리고 고객 경험을 위한 중요한 요소로 다뤄진다.

① 마케팅효과: 항공기 외장 디자인은 브랜드 아이덴티티를 표현하고 소비자에게 강렬한 인상을 주어 인지도를 높이고 차별화된 이미지를 만든다.

② 안전성 및 가시성: 항공기 외장 디자인은 안전성을 고려해 항공기를 다른 비행기나 장애물과 구별할 수 있도록 돕고, 날씨가 안 좋은 상황에서도 식별을 용이하게 한다.

③ 기술적 요구사항: 항공기 외장 디자인은 공기 저항을 줄이고 연료 효율성을 높이는 등 공기역학적 요구를 충족시키기 위해 설계된다.

④ 고객경험: 항공기 외장 디자인은 탑승객에게 첫인상을 주어 신뢰감을 형성하고, 항공사의 서비스 수준을 반영한다.

대한항공에서 2002년 한일 월드컵을 기원하며 국가대표 축구팀으로 비행기 외장을 래핑

출처: 나무위키

스타워즈 속 C-3PO를 모티브로 채색한 아나 항공기

출처: www.airliners.net

제주항공은 인기 캐릭터 '잔망루피'를 활용한 외장 디자인과 기획상품 출시로 MZ세대 고객을 겨냥한 마케팅을 통해 브랜드 이미지 강화

출처: 나무위키

남녀노소 누구나 좋아하는 캐릭터인 키티를 활용한 외장 디자인은 어린이를 둔 가족단위의 승객들에게 큰 호응을 얻음

출처: www.airliners.net

상하이는 세계에서 6번째로 디즈니랜드가 만들어진 곳으로서 중국동방항공은 디즈니와 협력해 주토피아 디자인으로 비행기를 래핑하여 홍보

출처: 나무위키

'진에어와 노티드가 함께 떠나는 달콤한 여행'을 주제로 6개월간 프로모션을 하며 진에어X노티드 사전주문기내식 한정 출시

출처: www.airliners.net

FSC와 LCC의 차이점

항목	FSC(대형 항공사)	LCC(저비용 항공사)
좌석 등급	퍼스트, 비즈니스, 프리미엄 이코노미, 이코노미	대부분 이코노미만 운영
운항 노선	장거리 및 초장거리 노선 운영 가능	단거리 및 중거리 노선 위주 (장거리 노선 운항 LCC도 있음)
기내 서비스	무료 기내식, 엔터테인먼트, 기내 와이파이 제공	기내식, 음료, 엔터테인먼트 등 대부분 유료
수하물	무료 위탁 수하물 포함	수하물 추가 요금 발생
항공사 동맹	글로벌 항공사 동맹 가입 및 공동운항 가능	대부분 개별 운영, 항공사 동맹 가입 적음
공항 서비스	프리미엄 체크인, 라운지 이용 가능	대부분 기본 체크인 서비스, 라운지 이용 불가
환승	허브 공항 중심 네트워크로 환승 용이	주로 P2P(Point-to-Point) 방식, 환승 제한적
마일리지	마일리지 적립 및 사용 가능, 좌석 업그레이드 제공	일부 항공사만 제한적으로 운영
운임 정책	운임이 상대적으로 높으나 다양한 서비스 포함	운임이 비교적 저렴하며 부가 서비스 유료

3 항공사 얼라이언스

1) 스카이팀(SkyTeam)

스카이팀(SkyTeam)은 2000년 6월에 설립된 글로벌 항공 동맹체로, 대한항공, 델타 항공, 에어 프랑스, 아에로멕시코 같은 항공사들이 처음에 시작했다. 지금은 전 세계적으로 18개의 항공사가 참여하고 있고, 160여 개국, 1,000여 개 목적지로 매일 13,600편을 운항하고 있다.

스카이팀은 항공사 간의 협력을 통해 고객 편의성을 높이고, 경쟁력을 강화하는 데 기여하고 있다. 고객은 스카이팀의 네트워크를 통해 다양한 혜택을 누릴 수 있으며, 항공사들은 비용 절감, 서비스 개선, 글로벌 시장 확대를 통해 상호 이익을 얻고 있다.

(1) 스카이팀의 특징

스카이팀의 가장 큰 장점은 전 세계적으로 연결된 네트워크를 통해 다양한 항공편 선택이 가능하다는 점과 통합된 마일리지 프로그램이다. 이를 통해 고객은 회원 항공사 간에 항공편을 손쉽게 연결하고 마일리지를 적립하거나 사용할 수 있다. 또한, 공항에서 우선 서비스를 제공받을 수 있으며, 전 세계 주요 공항의 라운지를 이용할 수 있는 혜택도 누릴 수 있다.

- **광범위한 목적지 선택**

– 회원사 네트워크를 통합해 전 세계 주요 도시를 연결하는 항공권 옵션을 제공

- **마일리지 프로그램의 호환성**

– 회원 항공사 간 마일리지 프로그램을 연동, 고객이 마일리지를 적립하고 다양한 사용 가능

- **Sky Priority(스카이 프라이어리티) 서비스**

– 프리미엄 클래스 승객에게 우선 체크인, 빠른 보안 검색, 우선 탑승 등의 특별혜택 제공

- **글로벌 라운지 이용**

– 전 세계 주요 공항에서 라운지를 이용할 수 있으며 휴식, 업무, 식음료 서비스 등 다양한 편의를 제공

- **통합된 예약 및 환승 서비스**

– 회원 항공사 간의 노선 결합 시 예약과 환승이 간편하고, 수하물이 최종 목적지까지 운송

(2) 스카이팀 회원 항공사

SKYTEAM

Aerolineas Argentinas	AEROMEXICO	AirEuropa	AIRFRANCE	CHINA AIRLINES
CHINA EASTERN	DELTA	Garuda Indonesia	Kenya Airways	KLM
KOREAN AIR	MEA	SAS	Saudia	TAROM
Vietnam Airlines	virgin atlantic	XIAMENAIR		

출처: 스카이팀 홈페이지

2) 스타얼라이언스(Star Alliance)

스타얼라이언스는 1997년 미주, 유럽, 아시아의 5개 항공사가 협력하여 설립한 최초의 글로벌 항공 동맹체이다. 25개의 회원 항공사로 구성되어 있으며, 50개 이상의 글로벌 허브를 통해 세계 최고의 네트워크를 구축하고 원활한 항공편

연결을 지원한다. 스타얼라이언스는 항공 동맹 중 세계적으로 가장 큰 규모를 갖고 있다. 국내 항공사 중에서는 아시아나항공이 스타얼라이언스의 멤버로 가입되어 있다.

(1) 스타얼라이언스의 특징

- **광범위한 글로벌 네트워크**

– 25개 이상의 항공사와 1,300개 이상의 공항을 연결하여 전 세계 주요 도시에 편리하게 여행할 수 있는 네트워크를 제공

- **마일리지 프로그램 연동**

– 스타얼라이언스 회원 항공사 간 마일리지가 연동되어, 다양한 항공사에서 마일리지를 적립

- **편리한 환승 및 연결**

– 항공사 간 원활한 환승과 수하물 자동 연결 서비스를 제공하여 편리한 여행을 지원

- **우선 서비스 및 라운지 이용**

– 프리미엄 클래스 승객은 스타얼라이언스의 우선 서비스와 회원 항공사의 라운지 이용가능

(2) 스타얼라이언스 회원 항공사

STAR ALLIANCE™
THE WAY THE EARTH CONNECTS

AEGEAN	AIR CANADA	AIR CHINA	AIR INDIA	AIR NEW ZEALAND
ANA	ASIANA AIRLINES	Austrian	avianca	brussels AIRLINES
CopaAirlines	CROATIA AIRLINES	EGYPTAIR	Ethiopian	EVA AIR
LOT POLISH AIRLINES	Lufthansa	深圳航空 Shenzhen Airlines	SINGAPORE AIRLINES	SOUTH AFRICAN AIRWAYS
SWISS	TAP AIR PORTUGAL	THAI	TURKISH AIRLINES	UNITED

출처: 스타얼라이언스 홈페이지

Challenge Quiz

Q1 대형 항공사(FSC)의 특징에 대해 작성해 보세요.

Q2 저비용 항공사(LCC)의 특징 5가지를 작성해 보세요.

Q3 대형 항공사와 저비용 항공사의 가장 큰 차이점에 대해 작성해 보세요.

2장

항공사 서비스의 종류

1 지상 서비스

항공사에서 이루어지는 서비스는 크게 지상서비스와 기내서비스로 나눌 수 있다. 지상서비스는 항공사별 카운터 서비스를 의미한다. 항공사가 제공하는 지상서비스는 항공권 예약 및 발권, 체크인, 위탁 수하물 처리, 라운지 서비스, 탑승 안내 지원 등 공항에서 비행기에 탑승하기 전까지 이용할 수 있는 서비스로 정의할 수 있다.

1) 예약 및 발권

항공사 예약 및 발권 서비스는 승객이 항공권을 예약하고 발권하는 과정에서 핵심적인 역할을 하며, 항공편 검색, 예약, 변경 · 취소, 마일리지 적립 · 사용 등을 지원한다. 또한, 공항 체크인 카운터, 항공사 오피스, 온라인 플랫폼을 통해 다양한 결제 옵션과 최적의 항공편을 제공하며, 발권 후 전자 항공권(E-Ticket)과 발권 확인서를 발급해 원활한 여행을 돕는다.

과거에는 여행사 및 항공사 직원이 예약을 처리하고 종이 항공권을 발행하는 방식이 일반적이었으나, 예약 변경이 번거롭고 분실 위험이 있었다. 현재는 디지털 기술의 발전으로 실시간 온라인 예약과 전자 항공권 시스템이 보편화되었으며, 모바일 체크인, AI 기반 맞춤형 서비스, 자동화된 고객 응대 시스템을 통해 더욱 편리한 서비스를 제공하고 있다.

향후 항공권 예약 및 발권 서비스는 블록체인 기반 보안 강화, AI를 활용한 맞춤형 항공권 추천, 자동화된 고객 서비스(Chatbot) 등의 기술이 도입되며 더욱 발전할 것으로 예상된다. 이를 통해 보안성과 고객 경험이 향상되고, 항공사 운영의 효율성이 높아질 것이다.

항공권 예약 방식의 변화

구분	과거	현재
예약 방식	여행사 방문, 콜센터 전화 예약	온라인(항공사 웹, 모바일 앱, OTA) 예약
발권 방식	종이 항공권(Paper Ticket) 발급	전자 항공권(E-Ticket) 발급
예약 변경 및 취소	직접 방문하여 변경 및 취소, 절차 복잡	온라인 및 모바일에서 실시간 변경 및 취소 가능
티켓 유형	종이 항공권 사용, 분실 위험 있음	전자 항공권 사용, 모바일 앱 저장 가능
결제 방식	현금, 은행 송금(일부 신용카드 사용 가능)	신용카드, 간편결제(카카오페이, 애플페이 등), 가상계좌
고객 편의성	예약 및 발권 과정이 복잡하고 대기 시간 발생	즉시 예약 및 발권 가능, 모바일 체크인 지원

2) 체크인 서비스

항공사 체크인 서비스는 승객이 항공편 탑승을 위한 수속 절차를 진행하는 과정이다. 승객의 항공편 예약 정보를 확인하고, 탑승권을 발급하며 좌석을 배정한다. 또한, 클래스 변경, 추가 서비스 요청, 승객의 신분 확인 및 특별한 요구사항(예: 어린이 승객, 노약자, 장애인 승객 등)에 대한 지원도 제공된다. 최근에는 공항에 셀프키오스크(Self-Kiosk)라는 무인 자동화 기기가 도입되어, 승객들이 대기 없이 신속하게 체크인 절차를 완료할 수 있다. 셀프키오스크는 승객이 예약 정보를 입력하고, 여권이나 신분증을 스캔하여 자동으로 탑승권을 출력하며, 일부 기기에서는 수하물 라벨도 발급받을 수 있다.

공항 셀프 체크인 사용법

출처: 문화일보

1. 셀프 키오스크(Self-Kiosk) 찾기

- 공항 내 해당 항공사의 셀프 체크인 기계 이용

2. 체크인 시작

- 항공권 정보 입력: 예약 번호(PNR) 또는 전자 항공권 번호 입력
- 여권 스캔: 여권의 MRZ(Machine Readable Zone)를 스캔
- 항공사 멤버십 카드 스캔

3. 항공편과 좌석 선택

- 탑승할 항공편과 좌석 선택이 가능할 경우 좌석 지정

4. 수하물 옵션 선택

- 기내반입 수하물만 있을 경우: 별도 수하물 없이 바로 체크인 진행
- 위탁 수하물이 있을 경우: 셀프 체크인 후 수하물 위탁(Self Bag Drop) 카운터에서 수하물 태그 부착 및 위탁 진행

5. 탑승권(Boarding Pass) 출력

- 체크인이 완료되면 탑승권(보딩패스, Boarding Pass)을 키오스크에서 출력
- 일부 항공사는 모바일 탑승권 발급 가능(SMS, 이메일, 앱 다운로드)

인천공항 셀프 체크인과 셀프 백드롭 알아보기

3) 위탁 수하물 서비스

위탁 수하물 서비스는 승객이 항공편을 이용할 때, 객실에 휴대할 수 없는 수하물을 항공사에 맡기고 목적지까지 안전하게 운송하는 서비스이다. 이 과정에서 승객은 카운터에서 수하물을 접수하고, 항공사는 수하물에 라벨을 부착하여

운송을 시작한다. 수하물 라벨에는 수하물의 목적지와 해당 항공편 정보가 포함되어 있어, 정확한 운송이 보장된다. 최근 공항에는 셀프 백드롭(Self Bag Drop) 시스템이 도입되어, 승객이 자동화 기기를 통해 자신의 수하물을 직접 처리할 수 있게 되었다.

공항 셀프 백드롭(Self Back Drop) 시스템 이용 방법

1. 수하물 태그 출력 및 부착

- 키오스크에서 발급받은 수하물 태그(Baggage Tag)를 위탁할 가방의 손잡이에 부착

2. 셀프 백드롭 기기 이용

- 탑승권 바코드 또는 여권을 스캔하여 본인 확인을 완료
- 위탁할 가방을 컨베이어 벨트 위에 올림

3. 수하물 무게 및 규정 확인

- 시스템이 자동으로 수하물의 무게 및 크기를 측정

출처: 한국공항공사 홈페이지

4. 수하물 접수 및 확인증 수령

- 수하물이 자동으로 컨베이어 벨트를 통해 위탁
- 시스템이 수하물 접수 완료 후 확인증을 발급하므로, 분실 시를 대비해 보관

인천공항 셀프 체크인과 셀프 백드롭 알아보기

4) 라운지 서비스

공항 라운지 서비스는 항공사의 프리미엄 고객이나 마일리지 회원, 프로모션 혜택을 받은 승객에게 제공되는 전용 공간이다. 항공기 탑승 전 남는 시간 동안 혹은 항공기가 지연되었을 경우 라운지를 이용한다. 라운지에서는 편안하게 휴

식을 취하거나 식사와 음료를 제공받을 수 있으며, 업무를 볼 수 있는 공간과 무료 Wi-Fi 등 다양한 편의시설도 이용할 수 있다. 또한, 일부 라운지에서는 샤워 시설이나 고급 서비스를 제공하여 여행 전후 승객들에게 더 나은 편의성을 제공하고 있다.

5) 탑승 안내 지원 서비스

공항 탑승 안내 지원 서비스는 승객이 항공편에 원활하게 탑승할 수 있도록 지원하는 서비스이다. 이 서비스는 주로 탑승 게이트로의 안내, 탑승 지원, 항공편 지연이나 결항 시 대체편 예약 등의 업무가 포함된다. 또한, 승객이 비행기를 놓치지 않도록 항공사 직원이 탑승 시간과 게이트 위치를 알려주며, 필요한 경우 승객을 탑승 게이트까지 안내한다. 특히, 노약자나 어린이, 장애인 승객을 위한 특별 서비스도 제공되어, 이들이 탑승 절차를 보다 편리하고 안전하게 진행할 수 있도록 돕는다. 이 서비스는 승객이 공항 내에서 탑승과 관련된 절차를 원활하게 진행할 수 있도록 해주며, 여행의 편리함과 안전을 향상시키는 데 중요한 역할을 한다.

공항 지상서비스

서비스 항목	서비스 내용
예약 및 발권	- 항공권 예약 - 항공권 발권 - 예약 변경과 취소 - 마일리지 적립
체크인 서비스	- 탑승수속 - 탑승권 발급 - 좌석배정 - 클래스 변경 등 부가적인 서비스 지원
위탁 수하물 서비스	- 수하물 접수 - 수하물 라벨 부착 운송 - 초과 수하물 요금 안내
라운지 서비스	- 항공사 프리미엄 고객이나 마일리지 회원, 각종 프로모션 고객 대상 라운지 서비스 - 식사, 음료, 업무공간, 휴식공간 지원
탑승 안내 지원 서비스	- 탑승 게이트 안내 - 승객 탑승 지원 - 지연이나 결항 시 대체편 예약 - 노약자, 어린이, 장애인 승객을 위한 특별 서비스 제공

여기서 **잠깐!**

다양한 항공사 지상근무자들의 업무를 알아볼까요?

항공사에는 공항에서 근무하며 비행기 탑승 전까지 승객을 돕는 지상직 직원들이 있어요. 이외에도 항공사에는 마케팅팀, 재무팀, 영업팀, 고객 서비스팀, 인사팀 등 다양한 부서가 있어요. 마케팅팀은 항공사의 브랜드 이미지와 서비스를 홍보하며, 재무팀은 항공사의 재정 관리를 담당합니다. 영업팀은 항공권 판매와 예약 관리, 그리고 협력사와의 계약을 처리하며, 고객 서비스팀은 승객들의 불만이나 요청사항을 해결하는 역할을 해요. 인사팀은 직원들의 채용, 교육, 복지 등 인사 관리 업무를 맡아요. 이렇게 많은 사람들이 각자 맡은 일을 하며 항공사의 서비스를 만들어 가는 거예요.

2 항공사 객실 서비스

항공사 객실 서비스는 승객이 항공기에 탑승한 순간부터 목적지에 도착할 때까지 객실승무원이 제공하는 다양한 서비스로, 기내라는 제한된 공간과 시간 내에서 이루어진다. 항공 여행의 특성상 승객은 이동하는 일정 시간 동안 기내에 머물러야 하므로, 객실 서비스의 질은 승객의 전반적인 여행 경험과 만족도에 직접적인 영향을 미친다.

항공사 객실 서비스는 승객이 기내에서 편안하고 만족스러운 비행을 경험할 수 있도록 제공되는 포괄적인 서비스로, 항공사의 고객 만족도와 브랜드 이미지에 중요한 영향을 미친다. 객실 서비스에는 좌석 편의시설, 기내식 및 음료 서비스, 기내 엔터테인먼트, 편의 용품(담요, 베개 등) 제공이 포함되며, 이러한 서비스는 항공기 클래스(이코노미, 프리미엄 이코노미, 비즈니스, 퍼스트 클래스)에 따라 차별화된다.

특히 장거리 노선의 경우, 장시간 비행에 따른 승객의 피로도를 고려하여 보다 고급스럽고 세분화된 서비스가 제공되며, 일부 항공사는 승객의 개별적인 요구를 반영한 맞춤형 기내식, 프리미엄 음료 서비스, 개인용 어메니티 키트 제공 등을 통해 서비스 차별화를 강화하고 있다.

1) 기내식음료 서비스

기내식음료 서비스는 항공 여행 중 승객에게 제공되는 식사와 음료 서비스로, 비행시간과 객실 등급에 따라 구성과 제공 방식이 달라진다. 최초의 기내식 서비스는 1919년 런던-파리 노선에서 시작되었으며, 당시에는 샌드위치, 과일, 초콜릿 등으로 구성된 런치박스를 유료로 판매하는 형태였다. 현재와 같은 기내식 형태는 1936년부터 도입되었으며, 승객의 요구와 항공 서비스 발전에 따라 지속적으로 변화하고 있다.

객실 등급에 따라 기내식 서비스 방식에도 차이가 있다. 일등석과 비즈니스 클래스에서는 서양식 코스 요리 순서에 맞춰 개별적으로 접시에 담아 제공되며, 승객의 선호도를 반영한 맞춤형 메뉴가 준비된다. 반면, 이코노미 클래스에서는 미리 준비된 식사가 트레이 세팅 방식으로 제공되며, 간편하고 효율적인 방식으로 기내식이 운영된다.

(1) 일등석 기내식

일등석 기내식은 항공사에서 제공하는 가장 고급스럽고 차별화된 기내식 서비스로, 승객에게 최고급 레스토랑 수준의 식사 경험을 제공하는 것을 목표로 한다. 기내식의 구성, 조리 방식, 서비스 방식 등이 일반석(이코노미 클래스)이나 비즈니스 클래스보다 더욱 정교하게 설계되며, 일부 항공사는 유명 셰프와 협업하여 기내 메뉴를 개발하기도 한다.

- **코스 요리 제공**

– 일등석에서는 고급 레스토랑과 유사하게 애피타이저(전채) → 메인 요리 → 디저트 → 커피 또는 차 순서로 서비스

- **개별 맞춤형 서비스**

– 일부 항공사에서 승객이 원할 때 원하는 음식을 제공하는 맞춤형 서비스를 운영

- **프리미엄 재료 사용**

– 캐비아, 트러플, 랍스터, 최고급 와규 스테이크 등 고급 식재료 사용
– 와인, 샴페인, 고급 위스키 등 소믈리에가 엄선한 주류 서비스 제공

- **기내 조리 시스템 활용**

– 일부 항공사는 기내 전용 조리 시설에서 즉석 조리하여 최상의 식감과 온

도를 유지하는 방식 도입

– 기내 전담 셰프를 배치하여 현장에서 직접 플레이팅(음식 장식) 후 서비스

● **프리미엄 식기와 고급 테이블 세팅**

– 일등석에서는 일반 기내식과 달리 도자기 접시, 크리스털 잔, 고급 은식기를 사용

– 기내에서도 화이트 테이블클로스(흰색 식탁보) 세팅을 하여 정찬 분위기를 연출

출처: 아시아나항공 홈페이지

상위 클래스 스테이크 코스식

출처: 아시아나항공 홈페이지

상위 클래스 비건 기내식

출처: 아시아나항공 홈페이지

상위 클래스 쇠갈비쌈밥

출처: 대한항공 뉴스룸 홈페이지

상위 클래스 문어영양밥

(2) 이코노미 기내식

이코노미 클래스 기내식은 기본적으로 서양식 식사를 바탕으로 하지만, 하나

의 트레이에 한상 차림 형태로 제공된다. 구성 요소로는 메인 요리(닭고기, 소고기, 돼지고기, 생선 등), 사이드 메뉴(샐러드, 빵, 디저트, 과일 등), 그리고 음료(일회용 물, 오렌지 주스 등)가 포함된다. 또한, 비행 운항 시간과 시간대에 따라 제공되는 식사의 종류가 달라질 수 있다.

- **기본적인 서양식 구성**

– 이코노미 클래스 기내식은 서양식 식사를 기본으로 하며, 하나의 트레이에 한상 차림 형태로 제공

– 항공사 및 노선에 따라 아시아식, 중동식 등 다양한 메뉴 포함

- **사전 조리된 식사**

– 대부분의 기내식은 지상에서 조리된 후 급속 냉동 또는 냉장 상태로 보관되었다가 비행 중에 데워서 제공

- **표준화된 식사 구성**

– 기본적으로 메인 요리, 사이드(샐러드, 빵, 디저트 등), 음료(물, 주스, 차, 커피 등)로 구성

출처: 대한항공 뉴스룸 홈페이지

이코노미 클래스 제육쌈밥

출처: 대한항공 뉴스룸 홈페이지

이코노미 클래스 비빔밥

출처: 아시아나항공 홈페이지

이코노미 클래스 영양쌈

출처: 아시아나항공 홈페이지

다양한 서양식 요리

(3) 일등석 음료

대형 항공사의 일등석 음료 서비스는 단순한 제공을 넘어, 승객에게 최상의 럭셔리 경험을 선사하는 데 중점을 둔다. 최고급 샴페인과 와인을 비롯해 개별 맞춤형 서비스가 강화되고 있으며, 일부 항공사는 기내 바 운영, 독창적인 칵테일 개발, 프리미엄 차와 스페셜티 커피 제공 등을 통해 차별화된 서비스를 구현하고 있다.

❶ 환영 음료

탑승 직후 제공하는 첫 음료로, 일반적으로 다음과 같은 음료가 제공된다.

– 샴페인, 과일 주스, 탄산수, 정제수 등

❷ 주류 서비스

일등석에서는 다양한 고급 주류가 제공되며, 항공사마다 차이가 있으나 기내 바 서비스 또는 테이블 서비스로 운영된다.

- **샴페인**

샴페인은 일등석의 상징적인 음료로, 일부 항공사는 승객이 원하는 빈티지 샴페인을 제공하기도 함

- **와인**

레드와인, 화이트와인, 디저트 와인 등이 포함되며, 고급 와인 브랜드를 선정하여 제공

일부 항공사들은 국제적인 와인 소믈리에들과 협력하여 노선별 와인을 다르게 제공하기도 함

- **칵테일**

일부 항공사는 자체적으로 개발한 레시피대로 칵테일을 제공하기도 함

예) 에미레이트항공의 Emirates Old Fashioned, 싱가포르 항공의 Silver Kris Sling 등

– 위스키, 브랜디 & 코냑

– 일반적으로 제공되는 고급 브랜드: Johnnie Walker Blue Label, Hennessy Paradis, Rémy Martin Louis XIII 등

- **기타 주류**

프리미엄 맥주, 사케(일본항공), 고급 진, 럼, 보드카 등 노선 및 항공사별로 다르게 제공됨

❸ 무알코올 음료(Non-Alcoholic Beverages)

– 프리미엄 커피 & 차

유명한 브랜드의 커피를 제공하거나 바리스타가 직접 제조하는 커피 또는 다양한 종류의 홍차, 허브티 제공

– 신선한 주스 & 건강 음료

일등석 음료 서비스

출처: 에미레이트항공 홈페이지

(4) 이코노미 음료

대형 항공사의 이코노미 클래스(Economy Class) 음료 서비스는 승객들에게 기본적인 음료를 무료로 제공하며, 일부 항공사는 특정 음료에 대해서 유료 옵션을 추가로 운영하기도 한다. 항공사의 정책, 노선, 비행시간에 따라 제공되는 음료의 종류가 달라질 수 있다.

① 기본음료: 물, 탄산수 등
② 탄산음료: 콜라, 사이다, 진저에일 등
③ 과일주스: 오렌지, 사과, 토마토, 포도 등
④ 차, 커피: 일반 커피, 디카페인 커피, 홍차, 녹차 등
⑤ 주류: 맥주, 와인, 기타 주류(일부 항공사는 위스키, 브랜디, 보드카 등을 무료로 제공하지만, 최근에는 유료로 전환하는 추세)

이코노미 음료 서비스

여기서 잠깐!

토마토 주스 좋아하나요?

희한하게도 비행을 하다 보면 평소엔 잘 찾지 않던 토마토 주스를 찾는 손님들이 많은데 왜 그럴까요?

비행기의 객실 압력으로 인해 미각과 후각이 둔화되고 짠맛, 단맛을 30% 이상 덜 느끼게 되는 반면에 감칠맛은 상대적으로 영향을 덜 받게 되는데 토마토에는 감칠맛 성분인 글루탐산이 풍부해서 기내에서 더욱 진하고 풍부한 맛으로 느껴지게 됩니다.

그 외에도 습도, 소음과 같은 환경적인 요인이 짠맛이나 단맛을 둔화시킨다고 하네요.

(5) 기내식 트렌드

최근 항공사들은 기내식의 품질을 향상하고, 지속 가능성을 고려한 메뉴를 개발하는 등 다양한 변화를 시도하고 있다. 특히 건강한 식단과 친환경적인 접근이 주요 트렌드로 자리 잡고 있다.

- **건강을 고려한 건강 기내식**

– 저칼로리, 저나트륨, 저당 메뉴 확대

- **지역 특산물을 활용한 기내식**

– 항공사별로 출발지 또는 목적지의 특산물을 활용한 메뉴 제공
– 대한항공(비빔밥), 일본항공(초밥), 에미레이트항공(중동식 요리) 등
– 한식, 일식, 인도식 등 글로벌 미식 체험 기회 확대

- **친환경 기내식**

– 플라스틱 사용 최소화, 생분해성 포장재 도입
– 뉴질랜드 항공은 비스킷 컵(쿠키 컵)을 사용하여 기내 커피 제공
– 로컬 식재료 활용으로 탄소 배출 절감

전 세계적으로 K-Food에 대한 관심이 높아지면서 국내 항공사는 물론이고 외국 항공사에서도 다양한 한식 기반의 기내식을 선보이고 있다. 기내식의 높은 품질은 항공사의 서비스 수준을 평가하는 중요한 기준이 되며, 이는 전 세계 항공사들이 기내식 메뉴와 식재료 선정을 위해 노력하는 이유 중 하나이다.

- 대한항공: 비빔밥, 쌈밥, 도토리묵밥, 비빔국수, 곤드레밥 등 다양한 한식 메뉴 제공
- 아시아나항공: 비빔밥, 불고기덮밥, 쌈밥, 도토리묵밥 등 다양한 한식 메뉴 제공
- 핀에어: 비빔밥, 불고기, 떡갈비, 찜닭, 잡채밥, 아귀찜 등 다양한 한식 메뉴 제공
- 루프트한자: 비빔밥, 잡채밥, 춘천 닭갈비, 갈비찜 등 다양한 한식 메뉴 제공
- 델타항공: 대구탕, 소고기 떡갈비, 잡채, 김치만두 간식 제공
- 싱가포르항공: 낙지볶음, 소불고기, 돼지불고기, 김치볶음밥 등 한식 메뉴 제공
- 에어프레미아: 프리미엄 이코노미 클래스에서 갈비찜 제공

(6) 기내식 서비스 제공 방식

기내식은 항공사에서 승객들에게 기내에서 제공하는 무상 혹은 유상의 식사를 의미한다. 단거리 노선 같은 경우 간단한 간식과 음료를 제공하는 것부터 중 · 장거리 노선, 비행시간과 시간대, 비행 노선에 따라 제공되는 기내식의 메뉴가 매우 다양하다. 기내식은 메뉴의 다양성과 서비스 품질 향상을 위해 보통 3개월마다 새로운 메뉴로 교체되어 제공된다.

기내식은 지상 케이터링 업체에서 미리 조리되어 항공사의 고유 기물에 담겨 항공기 출발 전 승객 수에 맞추어 탑재된다. 기내에 탑재된 기내식을 이륙 후 갤리의 오븐에 데운 후 승객들에게 제공한다.

일반적으로 국내 항공사는 국제 노선에서 기내식을 제공하며, 비행시간에 따

라 기내식의 제공 횟수와 메뉴가 달라진다. 2시간 이상의 비행 구간에서는 메인 식사로 Hot Meal이 제공되며, 2시간 이하의 비행 구간에서는 Cold Meal(샐러드, 과일, 빵 등)이 제공된다.

기내식은 취항지의 특산물이나 계절에 맞는 제철 식재료를 활용하여 메뉴를 구성하거나, 특정 노선 승객들의 취향에 맞춘 맞춤형 식사로 제공되기도 한다.

여기서 **잠깐!**

대형 항공사(FSC)에서는 모든 노선마다 기내식을 제공하나요?

대부분의 국제 노선에서 기내식을 제공하며, 비행시간에 따라 제공되는 식사의 종류가 달라질 수 있어요. 또한, 시간대에 따라 기내식 메뉴가 변경되기도 한답니다.

구분	표준 신호	CODE		대응
		대한항공	아시아나	
04:00~09:00	Breakfast	BRF	BT	• 6시간 미만: 1회 제공 • 6시간 이상~8시간: 1회 +Snack • 8시간 이상: 2회+ Snack
09:00~11:00	Brunch	BRCH	BH	
11:00~14:00	Lunch	LCH	LH	
17:00~22:00	Dinner	DNR	DR	
22:00~24:00	Supper	SPR	SR	
14:00~18:00 24:00~04:00	Snack Refreshment	SNX	SK	

* 식사가 2회 제공될 경우 다른 종류의 메뉴가 나온다.

(7) 특별 기내식(Special Meal) 서비스

특별 기내식(Special Meal)은 승객이 건강상 이유, 종교적 신념, 채식주의, 나이 등의 사유로 일반 기내식을 섭취할 수 없는 경우, 출발 24시간 전까지 예약을 통해 주문할 수 있다. 또한, 성인 음식을 섭취하기 어려운 영유아나 어린이도 특별 기내식을 주문할 수 있다.

❶ 종교식

특별 기내식 중 종교식은 특정 종교의 식사 규정을 따르는 승객을 위해 제공되는 기내식이다. 이슬람 승객을 위한 할랄식, 유대인 승객을 위한 코셔식, 힌두교 승객을 위한 힌두식 기내식, 채식 등이 있다. 이러한 특별 기내식은 승객의 종교적인 요구를 충족시키기 위해 미리 예약을 통해 요청해야 하며, 항공사에서는 해당 종교의 규정에 맞춰 준비해야 한다.

종교식 특징

종류	CODE	특징
Kosher Meal	KSML	• 유대교 율법에 따라 전통 방식대로 만들어진 유대교 승객을 위한 식사 • 종교의식을 거친 후 도축된 육류만을 사용 • 돼지고기가 들어간 음식은 모두 금지 • 닭고기나 생선 등과 같은 식재료 사용 가능 • 빵 대신 Matzo라는 건빵 제공 **서비스 주의 사항** • 한번 사용한 식기를 재사용할 수 없어 일회용 식기 사용 • 포장을 절대로 먼저 개봉할 수 없으므로 승객 직접 확인 후 개봉
Moslem Meal	MOML	• 이슬람교(회교)인들을 위한 종교 식사 • 이슬람 율법에 따라 알코올, 돼지고기, 베이컨, 햄, 돼지고기 부산물, 젤라틴이 들어간 음식은 금지 • 쇠고기, 양고기, 가금류 등의 식재료 사용
Hindu Meal	HNML	• 힌두교인들을 위한 종교 식사 • 소고기, 송아지와 돼지고기 금지 • 양고기, 가금류, 생선류, 해산물 등의 식재료 사용

❷ 건강 및 식사조절식

승객이 수술을 하였거나 건강상의 이유로 일반 기내식을 먹을 수 없는 상황에 건강 및 식사조절식의 특별 기내식이 제공된다. 또한, 이는 특정 식이요법을 필요로 하는 승객을 위해 제공되는 기내식이다. 이러한 기내식은 일반적인 기내식

외에도 다양한 옵션이 있으며, 주로 다이어트, 알레르기, 특정 건강 상태에 맞는 식사를 사전에 주문하여 서비스 받을 수 있다.

건강 및 식사조절식 특징

종류	CODE	특징
Low Fat Meal	LFML	• 1일 지방 섭취량을 30g 미만으로 제한한 식사 • 심장병이나 지방간과 같은 질환을 가진 승객을 위한 식사 • 기름기가 없거나 제거한 저지방 육류, 신선한 채소, 과일 등을 주 재료로 삶거나 찌는 방식의 식사
Bland Meal	BLML	• 소화기 질환이 있거나 위 수술 후 섭취하기 적합한, 소화가 편한 가벼운 식사 • 저지방 식재료와 자극적이지 않은 양념을 사용한 식사
Diabetic Meal	DBML	• 당뇨병 또는 포도당 알레르기가 있는 승객을 위한 식사 • 통밀 빵, 곡물, 신선한 과일과 채소를 사용해 조리 • 당이 포함된 설탕, 꿀 등 당분 함유 재료 금지
Low Claorie Meal	LCML	• 비만, 체중조절 위해 열량을 제한한 식사 • 저지방 육류, 신선한 과일, 채소, 시리얼 등 고섬유질 음식을 사용
Low Soldium Meal	LSML	• 고혈압, 간질환, 신장병이 있는 승객을 위한 식사 • 소금, 간장 등의 식재료를 제한한 염분 조절 식사
Gluten-Free Meal	GFML	• 글루텐 관련 장 질환이 있거나 밀(소맥분) 알레르기가 있는 분들을 위한 식사 • 식재료 내 글루텐을 엄격히 금지하며 밀이 아닌 감자, 쌀, 콩 등에서 만들어진 전분을 사용
No Lactose Meal	NLML	• 유당 알레르기가 있는 승객을 위한 식사 • 우유, 크림 대신 두유나 코코넛우유를 사용

❸ 영유아 및 아동식

영유아 특별 기내식은 액상 분유나 이유식 상태의 식사가 제공된다. 아동식은 만 2세~만 12세 미만의 어린이 식사이고 일반 기내식보다 어린이들의 입맛과 식사 요구를 고려해서 제공된다.

영유아 및 아동식

종류	CODE	특징
Infant Meal	IFML	• 생후 12개월까지의 영아를 위한 식사 • 액상 분유나 주스 제공
Baby Meal	BBML	• 만 24개월 미만의 영유아를 위한 식사 • 주스, 퓨레(Puree)상태로 만들어진 이유식 제공
Child Meal	CHML	• 만 2세~만 12세 미만의 어린이 승객을 위한 식사 • 어린이들 입맛에 맞춘 햄버거, 스파게티, 떡갈비, 오므라이스, 너겟, 함박스테이크 등의 메뉴로 제공 • 항공사마다 메뉴가 상이

❹ 채식

특별 기내식의 채식 식사는 고기나 동물성 제품을 포함하지 않는 식사를 원하는 승객을 위해 제공되는 기내식이다. 혹은 종교적인 이유로 고기, 동물성 제품을 먹지 못하는 승객을 위해 다양한 옵션의 채식 특별 기내식이 제공된다.

채식 특징

종류	CODE	특징
Vegan Vegetarian Meal	VGML	• 엄격한 서양채식으로 모든 육류, 동물성 지방, 계란, 젤라틴, 유제품 모두 금지 • 채소, 과일, 견과류, 곡물 위주로 구성
Lacto-Ovo Vegetarian Meal	VLML	• 서양채식과 유사하나 계란과 유제품 사용 가능한 식사
Vegetarian Oriental Meal	VOML	• 중국식으로 조리된 채소 요리로, 육류, 가금류, 달걀, 뿌리채소, 구근채소, 유제품을 제외하고 준비한 식사
Raw Vegetarian Meal	RVML	• 채소식 중에서도 조리하지 않은 생채소, 생과일 식사

❺ 기타 특별 기내식

기타 특별 기내식은 과일로 구성된 식사, 해산물 식사 등 특정 입맛에 맞춘 기내식이 있으며, 특별한 날을 기념하기 위한 기념케이크 등이 제공된다.

기타 특별 기내식 특징

종류	CODE	특징
Fruit Platter Meal	FPML	• 첨가제나 방부제가 함유되지 않은 식사를 원하는 신선한 과일로 구성된 식사
Seafood Meal	SFML	• 해산물을 선호하는 승객을 위한 식사
Anniversary cake	SPML	• 생일, 허니문과 같은 특별한 날을 기념하기 위해 제공되는 기념케이크

특별 기내식 서비스 방식

① 식사 탑재 시 특별 기내식의 탑재 여부, 수량, 종류를 파악한다.
② SHR(Special Handling Report)상 좌석번호, 이름을 확인 후 주문 여부를 확인한다.
③ 특별 기내식 주문이 많을 경우 정확한 전달을 위해 SPML Tag(스페셜밀 태그)를 좌석에 부착한다.
④ 일반 기내식과 함께 서비스되기도 하지만, 객실사무장에 따라 먼저 서비스하기도 한다.
⑤ 코셔밀은 반드시 승객이 직접 확인한 후 밀 박스를 오픈할 수 있도록 한다.

여기서 **잠깐!**

요청한 특별 기내식이 실리지 않았어요! 어떻게 해야 할까요?

승객에게 진심으로 사과한 뒤, 가능한 한 유사한 대체 식사를 찾아 제공해야 해요.
해당 항공편에 탑재된 식사와 상위 클래스의 메뉴를 활용하여 승객의 요구에 최대한 부합하는 형태로 대체 식사를 준비해서 제공해요.

또한, 객실사무장은 이와 관련된 사항을 정확하게 파악하고 보고하여, 다음 항공편에서 승객이 특별 기내식을 받을 수 있도록 조치를 취해야 해요.
대체 식사를 제공한 후에도, 승객의 반응을 세심하게 살피고 추가적인 불편함이 없도록 지속적으로 서비스를 제공해야 해요.

만약 예약하지 않은 승객이 특별 기내식을 원할 경우, 해당 항공편에 탑재된 식사를 활용하여 가능한 한 승객의 요구에 맞춰줄 수 있도록 노력하는 것이 좋아요.

2) 기내 엔터테인먼트 서비스

항공사는 여행의 즐거움을 더하기 위해 다양한 엔터테인먼트 서비스를 제공한다. 기내 엔터테인먼트는 영화, 단편영상, 게임, 음악, Airshow 등 각 국가에 맞춘 다양한 콘텐츠를 제공하는 것을 말한다. 항공기가 대형화되고 고급화됨에 따라, 항공사는 전 좌석에 개인용 모니터를 설치하여 승객들이 지루하지 않게 목적지까지 이동할 수 있도록 더 새롭고 독특한 기내 엔터테인먼트를 제공하고 있다. 개인용 모니터가 없는 기종에서는 기내 무선 와이파이 엔터테인먼트를 통해 휴대폰으로 직접 접속하여 무료로 다양한 엔터테인먼트를 이용할 수 있다.

(1) 기내영화

항공사에서는 국가별, 장르별로 다양한 영화를 제공하고 있다. 국내 항공사는 한국 영화를 비롯한 아시아 영화, 할리우드 영화, 유럽 영화 등을 국가별로 제공하며, 장르별로는 가족 영화, 클래식 영화, 코믹 영화, 어린이 영화 등을 제공한다. 기내 특수성과 다양한 연령대, 국적의 승객을 고려하여 모두가 편안하게 시청할 수 있는 영화들을 선정하고, 여객기 사고나 테러와 관련된 영화는 승객들의 불안감을 증대시킬 수 있어 가능한 한 제외하고 있다. 외국 항공사에서 제공하는 영화의 경우 자막이 해당 국가 자막으로 설정되어 제공된다.

(2) 단편영상

기내에서 제공되는 단편영상은 항공사마다 조금씩 차이가 있다. 대부분의 항공사는 국가별 드라마, 예능/코미디, 다큐멘터리, 스포츠, 뮤직 비디오, 어린이 프로그램 등의 다양한 채널을 제공한다. 단편영상들도 영화와 마찬가지로 모든 연령대의 승객들이 편안하게 시청할 수 있도록 신중하게 선정된다.

(3) 기내음악

기내에서 제공되는 Music 채널은 클래식, 팝, 가요, 아시아 음악, 재즈, 테마 음악, 동요, 보딩 음악 등 다양한 장르에 대해서 제공하고 있다. 항공사마다 Boarding Music을 사용하는데 대부분 편안하고 안정적인 분위기의 음악을 사용한다. 국내 항공사에서는 노선에 따라 차분한 발라드부터 경쾌한 가요까지 다양한 음악을 사용한다. 보딩 음악은 항공사의 이미지를 전달하는 중요한 수단으로 활용되기도 한다.

(4) 기내게임

기내게임은 항공사마다 제공 내용에 차이가 있다. 보드게임, 퍼즐, 어린이 게임, 아케이드 게임 등 다양한 콘텐츠가 마련되어 있으며, 좌석에 설치된 핸드셋을 이용해 즐길 수 있다.

5시간 이상의 비행에서는 전자책이나 게임기 등을 무료로 대여해 주어 비행시간 동안 승객들이 즐겁게 이용할 수 있다.

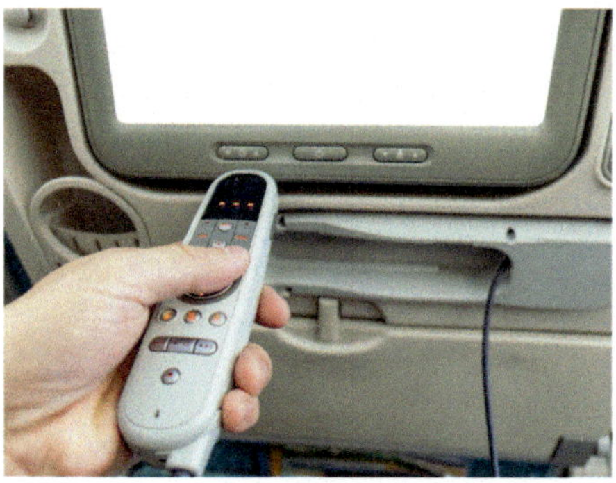

핸드셋

출처: 에어서울 홈페이지

(5) Air Show

기내 엔터테인먼트 중 하나로 승객들에게 유용한 비행 정보를 제공하는 전자정보 시스템이 있다. 항공사마다 세부적인 구성에는 차이가 있을 수 있지만, 대부분 비행 고도, 비행 속도, 출발지와 도착지의 현재 시간, 예상 도착 시간, 비행경로, 그리고 남은 비행시간 등을 실시간으로 확인할 수 있는 기능을 제공한다.

이 시스템은 승객들이 비행 중에도 현재 위치와 비행 상태를 직관적으로 파악할 수 있게 해주며, 목적지까지의 진행 상황을 쉽게 알 수 있어 편리함과 함께 여행의 기대감을 더해준다.

3) 기내 와이파이

과거에는 안전상의 이유로 비행 중 휴대전화 사용이 제한되었지만, 최근 많은 항공사에서 기내 와이파이 서비스를 제공하고 있다. 국내 항공사 중 대한항공, 아시아나항공, 진에어, 에어프레미아에서 유료로 와이파이 서비스를 이용할 수 있으며, 기종에 따라 서비스 가능 여부에 차이가 있을 수 있다. 싱가포르항공, 델타항공, 에미레이트항공, 카타르항공, 중국동방항공 등의 외국 항공사에서도 기내 와이파이 서비스를 제공하고 있으며, 일부 항공사는 무료로 제공하기도 한다.

4) 기내 면세품 서비스

국제선 항공편에서는 공항 면세점에서 물건을 구매하지 못한 승객들을 위해 기내에서도 담배, 양주, 화장품, 향수, 액세서리 등 다양한 제품을 면세 가격으로 구매할 수 있는 서비스를 제공한다. 모든 좌석의 앞주머니에는 면세품 안내 책자가 비치되어 있으니 이를 참고하여 주문하거나 돌아오는 항공편에서 사전 예약도 가능하다. 결제는 신용카드와 각국의 화폐로 편리하게 진행할 수 있어 승객들의 편의를 더욱 높이고 있다.

여기서 **잠깐!**

기내 면세품으로 구매한 물건도 환불이 되나요?

항공사마다 정책이 다를 수는 있지만 기내에서 구매한 면세품도 환불이 가능해요.

- 영수증은 반드시 보관해야 해요.
- 환불 절차는 항공사 고객센터에 문의하세요.
- 환불하려는 상품은 반드시 미개봉 상태이고 손상이 없어야 해요.
- 현금으로 구매한 상품은 현금 환불이 어려운 경우 바우처로 대체될 수 있어요.
- 일부 항공사는 환불 시 수수료를 부과하기도 해요.

5) 특수고객 서비스(Special Care Service)

항공기에는 일반 승객뿐만 아니라 더욱 세심한 서비스가 필요한 다양한 승객들이 탑승한다. 장애 승객, 보호자 없이 여행하는 비동반 소아, 유아를 동반한 승객, 임산부, 노인 승객 그리고 몸이 불편한 환자 등이 이에 해당한다. 이러한 승객들에게는 특별한 배려와 서비스가 요구되며, 이를 위해 항공사들은 각종 Special Care 서비스를 제공하고 있다. 이들 승객은 기내 서비스뿐만 아니라 지상 직원과의 연계가 중요한 만큼 서비스 방법과 내용을 정확히 숙지하고 체계적으로 지원하는 것이 필수적이다.

(1) UM(Unaccompanied Minor Service, 비동반 소아 서비스)

비동반 소아는 만 5세에서 만 11세 미만의 어린이가 보호자 없이 항공기를 이용하는 경우를 말한다. 어린이는 출발부터 도착까지 안전하고 편안한 여행을 할 수 있도록 세심한 서비스와 특별한 배려가 필요하다. 항공사마다 비동반 소아(UM)의 규정이 다를 수 있다. 아시아나항공의 경우 국제선은 만 5세 이상부터 만 12세 미만까지 이용 가능하며 국내선은 만 5세 이상부터 만 13세 미만까지 이용할 수 있다. 또한 UM 어린이는 환승하는 비행편에도 탑승할 수 있지만 환승은 반드시 같은 항공사의 비행편으로만 가능하다.

- 어린이는 비행기 탑승 시, 지상직원이 항공기 문 앞까지 동행하여 안내한다.
- 해당 구역의 승무원은 비행 내내 어린이를 세심하게 돌보며 관심을 기울여야 한다.
- 비행 중, 어린이가 먹는 식사와 음료수를 상세히 기록하여 관리한다.
- 착륙 후, 담당 지상직원에게 안내하여 어린이가 보호자에게 안전하게 인계될 수 있도록 한다.

(2) 장애 승객 서비스

시각, 청각 장애가 있거나 휠체어를 이용하는 등 몸이 불편한 승객을 의미한다. 항공사에서는 이러한 승객들이 편안하고 안전하게 여행할 수 있도록 탑승부터 하기까지 적극적인 안내와 서비스를 제공한다. 장애를 가진 승객이 탑승할 경우 객실승무원은 지나치게 과한 배려나 동정의 모습을 보이지 않도록 주의해야 한다.

❶ 시각장애인

- 승객의 몸을 먼저 만지지 않고 반드시 도움이 필요한지 확인한다.
- 도움이 필요할 경우 객실승무원의 어깨나 팔을 잡고 이동할 수 있도록 한다.
- 기내식을 설명할 때에는 음식의 종류를 시계방향으로 설명한다.
- 안내견은 승객과 동반 탑승이 가능하고 무료로 운송 가능하다.

❷ 청각장애인

- 청각장애인 승객에게 설명할 때는 천천히 입모양을 정확히 보여주며 말한다.
- 원활하고 정확한 의사소통을 위해 메모하여 보여주는 것이 좋다.
- 일부 항공사에서는 기내방송을 텍스트로 제공하기도 한다.
- 기내식 설명 시, 직접 보여주거나 기내식 메뉴판을 활용하여 안내한다.

❸ 휠체어승객

- 장애, 고령 등 건강상의 이유로 거동이 불편한 승객에게 휠체어 서비스를 제공한다.
- 승객은 출발지 공항에서 항공기 탑승구까지 휠체어를 이용할 수 있다.
- 승객은 개인 휠체어를 사용할 수 있으며, 필요시 공항에서 휠체어를 대여하여 이용할 수도 있다.
- 휠체어 승객은 지상직원의 도움을 받아 가장 먼저 탑승하고 가장 마지막에 비행기에서 하기한다.

휠체어승객 분류

1. WCHR(Wheelchair - Ramp)
장시간 걷지는 못하지만 계단 이용이 가능한 정도의 승객

2. WCHS(Wheelchair - Steps)
계단 이용은 불가하며 기내의 좌석 간 이동은 가능한 정도의 승객

3. WCHC(Wheelchair - Cabin Seat)
자력으로 보행이 전혀 불가하여 기내에서도 휠체어가 필요한 승객

4. WCOB(Wheelchair On Board)
기내 전용 휠체어를 요청한 승객

❹ 스트레처 승객(Stretcher Passenger)

기내용으로 특수 제작된 간이용 침대를 이용해야만 항공기 운송이 가능한 환자를 의미한다. 항공용 들것(Stretcher)을 설치해서 이동하는 승객은 현지에서 사고를 당하거나 중환자 정도의 승객이다.

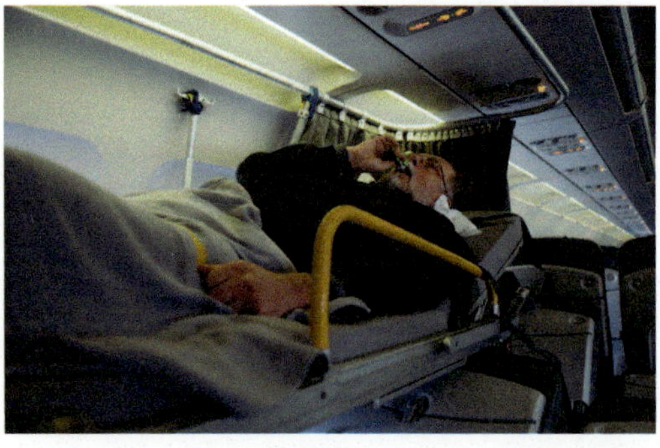

- 사전에 준비사항이 갖춰져야 하며 특별한 주의가 필요하다.
- 좌석 6개를 이용하여 Stretcher를 설치해야 하기 때문에 특별운임이 적용된다.
- 좌석 주변은 커튼을 설치하여 주변 승객에게 미치는 영향을 최소화한다.
- 예약 시 출발일 기준 10일 전 작성된 의사소견서를 제출 후 탑승 가능 여부를 확인한다.
- 국제선 출발 72시간 전, 국내선 출발 48시간 전 반드시 사전 예약해야 한다.

(3) 임신부 승객 서비스

- 임신부 승객은 항공편 탑승 당일 기준으로 임신 32주 미만일 경우 자유롭게 탑승 가능하다. 32주~36주 임신부는 건강진단서와 서약서를 작성하고 비행기 탑승이 가능하지만 37주 이상의 임신부는 태아와 임신부의 건강을 위해서 탑승이 금지된다.
- 승객 탑승 시, 승객의 수하물 운반과 정리를 돕는다.
- 임신부는 화장실을 자주 이용할 수 있으므로 화장실 위치와 이용 방법에 대해 설명한다.
- 허리에 무리가 되지 않도록 허리에 댈 수 있는 쿠션을 추가로 제공한다.

여기서 **잠깐!**

비행기 타기 전에 주의해야 할 것들이 있어요.

- 다태아의 경우에는 임신 33주 이상 되면 비행기에 탑승할 수 없어요.
- 임신 합병증이 있는 경우에는 임신 주수와 관계없이 의사 소견서가 필요해요.
- 사이판으로 여행 시, 임신 6개월 이상인 임신부는 임신 기간 및 항공 여행 가능 여부가 명시된 의사 소견서(영문)를 준비해야 해요.

(4) 유아 동반 승객 서비스

생후 7일 이상 만 24개월 미만의 유아를 동반한 승객을 말하며 유아는 별도의 좌석 없이 보호자가 안고 착석한다. 성인 1인당 한 명의 유아를 동반할 수 있으며, 만약 성인 1인이 두 명의 유아를 동반할 경우 한 명은 소아로 예약해야 한다. 유아는 좌석 배정이 없더라도 예약명단에 포함되어 보호자와 함께 예약되어야 하고 반드시 여권을 준비해야 한다.

- 출발 48시간 전 아기 요람을 예약할 수 있으며, 키 75cm 이하, 체중 11kg 이하의 유아가 사용할 수 있다. (항공사에 따라 다를 수 있음)
- 기내의 기저귀 교환대가 설치되어 있는 화장실을 안내한다.
- 여분의 담요와 쿠션을 추가로 제공하여 유아가 편안하게 비행할 수 있도록 돕는다.
- 유아용 좌석벨트를 제공하여 보호자의 좌석벨트에 연결하여 사용하도록 안내한다.

③ 기내 특화 서비스

1) 기내 특화 서비스의 이해

기내 특화 서비스란 항공사에서 승객들에게 제공하는 차별화된 서비스로 단순한 기내식과 좌석 서비스를 넘어 고객 경험을 극대화하기 위한 다양한 부가 서비스를 포함한다. 이는 항공사의 경쟁력을 높이고, 승객의 만족도를 증대시키기 위한 전략적 요소로 작용한다.

(1) 기내 특화 서비스 발달 배경

❶ 저비용 항공사(LCC)의 성장과 서비스 차별화 필요성

- 저비용 항공사(LCC)는 낮은 운임을 유지하기 위해 기존의 무료 기내 서비스를 줄이고, 유료 부가 서비스를 도입하면서 기내 특화 서비스가 발달함
- 무료 기내식 대신 사전 주문형 기내식, 기내 엔터테인먼트 서비스, 프리미엄 좌석 업그레이드 등 승객이 선택적으로 이용할 수 있는 다양한 옵션이 등장함
- 단순 운송 수단을 넘어, 승객 개개인의 니즈에 맞춘 맞춤형 서비스 제공을 통해 추가 수익 창출이 가능해짐

❷ 승객의 요구 변화 및 고객 경험 강화

- 기존 대형 항공사의 일괄적인 서비스에서 벗어나, 승객 개개인의 취향을 반영한 맞춤형 서비스 제공이 중요해짐
- 기내에서의 경험을 항공사의 브랜드 가치와 연결하여 고객 충성도를 높이는 전략으로 활용됨

(2) 기내 특화 서비스의 특징

특화 서비스의 핵심은 승객과의 교감과 상호작용에 있다. 이는 단순히 서비스

의 질을 향상시키는 것을 넘어, 감성적이고 심리적인 만족을 제공함으로써 고객의 경험을 더욱 의미 있고 특별하게 만들어준다.

저비용 항공사(LCC)는 치열한 가격 경쟁 속에서 단순히 저렴한 운임만으로는 차별화를 이루기 어려운 상황이다. 이에 따라 고객에게 더욱 특별하고 기억에 남는 경험을 제공하기 위해 특화 서비스를 강화하고 있으며, 이는 항공사의 브랜드 이미지를 형성하는 데 중요한 역할을 하고 있다.

항공사들은 기내 인테리어, 이벤트, 축하 행사 등 다양한 특화 서비스를 지속적으로 제공해 왔으며, 오늘날에는 시대적 흐름과 고객의 요구에 맞춰 더욱 발전시키고 있다.

❶ 감성적 & 심리적 만족을 제공하는 서비스

- 특화 서비스는 단순한 물리적 서비스 제공을 넘어 승객이 감성적으로 만족할 수 있도록 설계됨
- 고객 경험을 극대화하여 단순한 이동 수단을 넘어 여행의 일부로 기억될 수 있도록 구성
- 승객이 특별한 순간을 경험하도록 하는 맞춤형 서비스 제공
- 예시: 승객의 생일 축하 이벤트, 기념일 맞춤 서비스, 웰컴 메시지 제공

❷ 고객과의 교감 및 상호작용 중심 서비스

- 일방적인 서비스 제공이 아닌 승객과의 적극적인 소통을 기반으로 함
- 서비스 과정에서 승무원과 고객이 상호작용하며, 고객의 만족도를 높일 수 있도록 설계됨
- 예시: 기내에서 기념일을 맞은 승객을 위한 깜짝 축하 이벤트, 고객 참여형 게임 또는 퀴즈 이벤트

❸ 고객과의 교감 및 상호작용 중심 서비스

- 특화 서비스는 항공사의 브랜드 가치를 강화하는 중요한 요소이며, 항공사

만의 아이덴티티를 구축하는 역할을 함

- 경쟁이 심화된 항공 시장에서 단순한 가격 경쟁이 아닌 고객 경험 차별화 전략으로 브랜드 충성도를 높이는 방식

(3) 기내 특화 서비스 트렌드

❶ 초개인화(Personalization) 서비스 강화

- 고객의 취향과 선호도에 맞춘 맞춤형 서비스 제공이 증가하고 있음
- AI 및 데이터 분석을 활용해 승객의 과거 예약 정보와 선호도를 반영한 기내 서비스 추천
- 모바일 앱을 통해 승객이 원하는 기내 서비스(기내식, 좌석 업그레이드, 기내 엔터테인먼트)를 미리 선택할 수 있도록 지원
- 예시) – 제트스타(Jetstar): 사전 주문 기내식 및 기내 엔터테인먼트 맞춤 추천
  – 라이언에어(Ryanair): 앱을 통한 개별 맞춤형 업그레이드 옵션 제공

❷ 프리미엄 서비스 도입

- 기존 LCC는 기본 서비스만 제공하는 것이 일반적이었으나, 최근에는 프리미엄 서비스를 도입하여 차별화된 경험을 제공하고 있음
- 프리미엄 이코노미 좌석 도입(더 넓은 공간, 리클라이닝 좌석, 기내식 포함 옵션)
- 라운지 이용 서비스, 우선 탑승, 수하물 추가 서비스 등의 부가 옵션 제공
- 예시) – 에어프레미아(Air Premia): 프리미엄 이코노미 클래스 제공
  – 스쿠트(Scoot) – 'ScootPlus' 서비스로 더 넓은 좌석과 프리미엄 기내식 제공
  – 에어아시아(AirAsia X) – 'Quiet Zone'(조용한 구역) 좌석 판매

❸ 디지털 혁신 및 스마트 기내 서비스 확대

- LCC는 디지털 기술을 적극 활용하여 기내 서비스의 효율성을 높이고 있음
- 비대면 서비스 확대: 모바일 앱을 통한 탑승 수속, 기내식 주문, 기내 엔터테인먼트 스트리밍 제공
- QR코드 기반 기내 주문 시스템 도입 – 승객이 좌석에서 QR코드를 스캔하여 기내식 및 면세품을 주문할 수 있음

❹ 이색적인 기내 경험 제공

- 단순한 이동 수단을 넘어 기내에서도 특별한 경험을 제공하는 서비스 증가
- 기내 이벤트 및 엔터테인먼트 프로그램 운영
- 기내에서 지역 문화 체험 프로그램 제공 – 노선별 테마 메뉴 및 전통 공연 등

2) 항공사별 기내 특화 서비스

국내 저비용 항공사들이 지속적으로 성장하고 증가함에 따라, 항공업계의 경쟁도 점점 치열해지고 있다. 저비용 항공사들은 비용 절감을 위한 효율적인 운영 전략을 도입하면서도 고객 만족도를 높이기 위해 서비스의 질적 향상에 힘쓰고 있다. 특히, 차별화된 고객 경험을 제공하기 위해 특화 서비스를 개발하고 있으며, 이를 전담하는 특화 서비스 팀을 운영할 정도로 의미 있고 독창적인 서비스 제공에 집중하고 있다. 이러한 노력은 단순한 비용 절감 전략을 넘어 고객 중심의 서비스로 경쟁력을 강화하려는 의지를 보여준다.

(1) 제주항공 특화 서비스

기내 특화 서비스가 가장 많은 항공사로 알려진 제주항공은 기내 Fun 서비스팀과 JJ 특화팀을 운영하고 있다. 이 팀들은 승객들이 직접 참여하고 즐길 수 있는 다양한 프로그램을 제공한다. 승무원들은 미니게임, 퀴즈 등을 통해 간단한

선물을 증정하거나 함께 운동을 하여 긴 여행의 지루함을 달래고 몸을 풀어주는 기회를 제공하기도 한다.

프로포즈

소중한 마음을 대신 전해 드리는 감동 이벤트입니다.

게임이벤트

함께하는 게임으로 두 배 즐거워진 비행을 경험하세요.

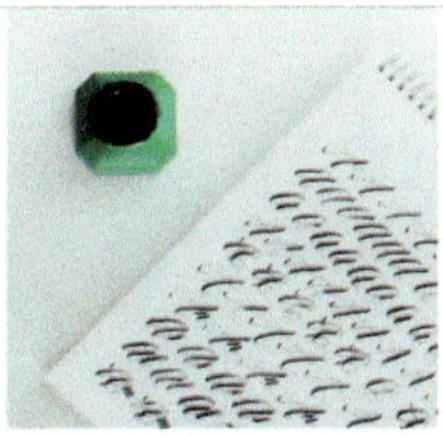

캐리커쳐, 캘리그래피

행복한 순간을 담은 그림과 손글씨를 선물해드립니다.

마술공연

기내에서 펼쳐지는 신비한 마술의 세계로 초대합니다.

출처: 제주항공 홈페이지

제주항공 특화 서비스

케어 서비스	유상 서비스	기내 FUN 서비스
• 유아 동반 고객 서비스 • 휠체어 이용고객 서비스 • 어린이 안심케어 서비스 • 임산부 고객 서비스 • 시각, 청각 장애인 고객 • 의사소견서 필요 고객 • 반려동물 운송 서비스	• 사전 기내식 예약 • 에어카페(음료, 스낵 등) • 제주항공 굿즈 판매 • 사전 수하물 구매 • 기내 면세품 판매 • 사전 원하는 좌석 선택 구매 • JJ 라운지	• 프로포즈 감동 이벤트 • 게임, 퀴즈 이벤트 • 캐리커처, 캘리그래피 • 신비한 마술 공연 • 매직 풍선아트 • 퍼스널컬러, 뷰티 스타일링 • 타로카드점 • 사연전달 DJ 하늘라디오

(2) 티웨이항공

티웨이항공은 기내 이벤트를 통해 차별화된 서비스를 제공하고 있다. 기내 이벤트 팀은 캘리웨이, 티하모니, 티심포니 팀으로 구성되어 있다.

- 캘리웨이 팀은 승객들에게 직접 손글씨로 작성한 메시지를 전달하는 서비스를 제공
- 티하모니 팀은 성악 팀으로, 승객들에게 감사의 마음을 담아 노래를 선사
- 티심포니 팀은 티웨이와 심포니의 의미를 담은 악기 연주팀으로, 승객들에게 감동적이고 잊지 못할 추억을 선물

캘리웨이(Calli'Way)

티하모니(t'Harmony)

티심포니(t'Symphony)

출처: 티웨이항공 홈페이지

티웨이항공 특화 서비스

케어 서비스	유상 서비스	기내 FUN 서비스
• 유아 동반 고객 서비스 • 임신부 고객 서비스 • 휠체어/시각/청각 도움 서비스 • 혼자 여행하는 어린이 • t'care 서비스 • 의사소견서 필요 고객 • 반려동물 동반 고객	• 사전 기내식 예약 구매 • t'shop(음료, 주류, 스낵, 로고상품 등) • 수하물 추가 구매 • 기내 면세품 판매 • 사전 원하는 좌석 선택 구매 • 옆좌석 구매 • t'pet 운송용기	• 캘리웨이(Calli'Way) • 티하모니(t'Harmony) • 티심포니(t'Symphony)

(3) 진에어

진에어에서는 알라딘의 요술램프처럼 고객이 원하는 것은 언제 어디서든 최선을 다해 서비스하며 차별화로 다가가기 위해 객실승무원을 지니라고 부른다. 전문 특화팀으로 구성된 딜라이트 지니(Delight JINI)는 기내 유소아 전문 특화팀(Kid care Master), 콘서트 전문 특화팀(Lala JINI's), 드로잉 특화팀(JINI Graphy)으로 구성되어 차별화된 서비스를 진행한다.

진에어 특화 서비스

케어 서비스	유상 서비스	기내 FUN 서비스
• 혼자 여행하는 어린이 • 유아 동반 고객 • 임신부 고객 • 몸이 불편하신 고객 • 보조호흡장치 사용 고객	• 사전 좌석 구매 • 사전 수하물 구매 • 사전 기내식 예약 구매 • 여행보험 상품 판매 • 지니펫(JINI PET) 서비스	• Kids Master - 기내 유소아 Care • Lala Jin's - Delight 콘서트 전문 • JINI Graphy - Drawing 전문

출처: 진에어 홈페이지

3) 기타 항공사별 특화 서비스 운영사례

대한항공(Korean Air)

- 한가족 서비스: 70세 이상 노인 승객, 소아 동반 승객 서비스
- Sky Pets 서비스 : 사전 신청을 통해 반려 동물과 함께 탑승 가능(제한 동물, 이용 절차 등의 확인 필요)
- 소믈리에 선정 와인 서비스

아시아나항공(Asiana Airlines)

- 소믈리에: 소믈리에 자격 보유 승무원의 전문적인 와인 서비스
- 온 보드 크루 셰프: 요리학교 출신, 자격증 보유 크루 셰프가 조리사복을 입고 특별한 서비스 제공

에어서울(Air Seoul)

- 닌텐도 스위치와 e북 리더기 대여 서비스
- 민트팀: 설, 화이트데이, 크리스마스와 같은 특별한 날에 기내 이벤트를 진행

에어부산(Air Busan)

- 매직 서비스, 타로 서비스, 뷰티 서비스, 바리스타 서비스, 블루하모니 서비스, 캘리그래피 서비스 등 감동 서비스를 제공
- 고객님의 소중한 마음(축하, 감사, 사랑 등)을 승무원이 정성스럽게 편지지에 담아 직접 전달하는 '레터 투 에어부산' 서비스

에미레이트항공(Emirates)

- 온보드 라운지: 퍼스트 클래스 승객을 위한 기내 라운지 공간 제공
- 샤워 스파: A380기종의 퍼스트 클래스에 샤워 시설 제공
- 온보드 바: 비즈니스 클래스 승객을 위한 기내 바 서비스

싱가포르항공(Singapore Air)

- Book the Cook: 상위 클래스 승객을 위한 사전 예약식 서비스
- A380 퍼스트 클래스 스위트: 개인화된 스위트룸과 샤워 시설 제공
- 스파 서비스: 일부 노선에서 기내 스파 서비스 제공

콴타스항공(Quantas)

- VR 기내 서비스: 다양한 VR 콘텐츠를 통해 영화, '태양의 서커스' 공연, 아이슬란드의 풍경 등 독특한 체험을 선사

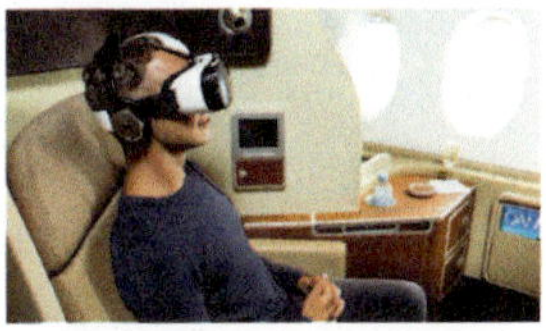

에어프랑스(Airfrance)

- 스타셰프 기내식: 미슐랭 별만 27개 획득한 프랑스의 스타 셰프의 요리를 기내식으로 준비

사우스웨스트항공(Southwest Airlines)

- 무료 수하물: 사우스웨스트항공은 승객당 두 개의 수하물을 무료로 제공
- 무료 기내식: 간단한 스낵과 음료를 무료로 제공
- 무료 Wi-Fi: 일부 항공편에서 무료 Wi-Fi 서비스를 제공

출처: 각 항공사 홈페이지

Challenge Quiz

Q1 항공사의 서비스 중 지상서비스에 대해서 작성하시오.

Q2 아래의 기내 특별식은 어떤 식사를 설명하는 것인지 고르시오.

- 유대교 율법에 따라 전통 방식대로 만들어진 유대교 승객을 위한 식사
- 종교의식을 거친 후 도축된 육류만을 사용
- 돼지고기가 들어간 음식은 모두 금지
- 닭고기나 생선 등과 같은 식재료 사용 가능
- 빵 대신 Matzo라는 건빵 제공

① Bland Meal　② Hindu Meal　③ Kosher Meal　④ Moslem Meal

Q3 항공사의 비동반 소아(UM, Unaccompanied Minor) 서비스에 대한 설명으로 옳지 않은 것을 고르시오.

① 만 5세에서 만 12세 미만의 어린이가 보호자 없이 항공기를 이용할 경우 적용된다.
② 비동반 소아는 탑승부터 도착까지 항공사 직원의 보호를 받는다.
③ 항공사마다 비동반 소아 서비스의 연령 기준이 다를 수 있다.
④ 비동반 소아는 일반적으로 부모와 함께 체크인을 해야 하지만, 항공사에서는 별도의 보호 없이 자유롭게 탑승할 수 있다.

Q4 휠체어 승객의 코드를 쓰고 해당 코드에 대해서 설명하시오.

Q5 특화 서비스의 특징과 발달 배경에 대해서 서술하시오.

3장

항공기의 구조

1 항공기 외부 구조 및 시설

1) 항공기의 구조

(1) 항공기 정의

항공기란 공기의 부력을 이용하여 비행할 수 있는 기체를 의미한다. 항공기는 다양한 형태와 구조를 가지며, 용도에 따라 여러 가지로 구분할 수 있다. 일반적으로 항공기는 다음과 같은 유형으로 나뉜다.

❶ 비행기(Fixed-Wing Aircraft)

비행기는 고정된 날개를 이용하여 양력을 발생시키고, 엔진의 추진력으로 이동하는 항공기이다.

- 특징: 고정된 날개를 사용하며, 활주로에서 이륙하고 착륙한다.
- 예시: 여객기(보잉 747, 에어버스 A320), 화물기, 개인용 경비행기
- 우리가 공항에서 흔히 볼 수 있는 항공기이다. 비행기는 터미널에서 출발한 후 긴 활주로를 빠르게 달려가며 공중으로 떠오른다. 이륙 후에는 엔진의 힘으로 앞으로 날아가고, 날개의 구조 덕분에 하늘을 계속해서 날 수 있다. 장거리 여행이나 물류 운송에 널리 사용된다.

❷ 비행선(Airship)

비행선은 내부에 가벼운 기체(헬륨, 수소 등)를 채워 공중에 뜨는 항공기이다.

- 특징: 자체 부력을 이용하여 공중에 머무를 수 있으며, 추진용 프로펠러를 사용하여 이동한다.
- 예시: 광고용 비행선, 정찰용 비행선(정보 수집용)
- 커다란 풍선처럼 생긴 항공기로, 내부에 헬륨 같은 가벼운 기체가 들어 있어 둥둥 떠 있는 구조이다. 하늘에 고정된 채로 머물 수 있으며, 프로펠러

를 이용해 서서히 이동할 수도 있다. 과거에는 승객을 태우는 교통수단으로 활용되었지만, 현재는 광고, 스포츠 행사, 정찰 등의 목적으로 주로 사용된다.

❸ 활공기(Glider)

활공기는 자체 추진 장치가 없고, 공기의 흐름(양력)과 중력만을 이용하여 비행하는 항공기이다.

- 특징: 엔진 없이 활공하며, 보통 다른 항공기가 끌어올려 주거나 높은 곳에서 출발한다.
- 예시: 글라이더(Glider), 행글라이더(Hang Glider), 패러글라이더(Paraglider)
- 엔진 없이 비행하는 항공기로, 바람을 타고 하늘을 나는 특징이 있다. 보통 높은 산이나 언덕에서 출발하며, 바람의 흐름을 이용해 오래 날아갈 수 있다. 일부 글라이더는 다른 비행기에 의해 높은 곳으로 끌어올려진 후 활강하며 비행한다. 마치 새가 날개를 퍼덕이지 않고 하늘을 미끄러지듯이 날아가는 모습과 유사하다.

❹ 회전익 항공기(Rotary-Wing Aircraft)

회전익 항공기는 회전하는 날개(로터)를 사용하여 양력을 발생시키고 이동하는 항공기이다.

- 특징: 수직 이착륙이 가능하며, 좁은 공간에서도 운용할 수 있다.
- 예시: 헬리콥터(Black Hawk, Apache)
- 헬리콥터처럼 위쪽에 큰 프로펠러(로터)가 달려 있어, 앞으로 나아가지 않고도 바로 위로 떠오를 수 있다. 덕분에 활주로 없이도 이착륙할 수 있으며, 좁은 도심이나 산악 지역에서도 유용하게 사용된다. 응급 구조, 군사 작전, 방송 촬영 등 다양한 용도로 활용된다.

⑤ 그 밖에 대통령령으로 정하는 항공기

위의 분류에 속하지 않는 기타 항공기들이 있으며, 기술 발전에 따라 새로운 형태의 항공기가 등장하고 있다.

- 예시: 드론(UAV, 무인 항공기)
- 최근에는 사람이 직접 타지 않고 조종할 수 있는 무인 항공기(드론)가 널리 활용되고 있다. 드론은 소형 카메라를 장착해 촬영, 군사 정찰, 택배 운송 등 다양한 분야에서 사용된다.

이처럼 항공기는 구조와 비행 방식에 따라 다양한 형태로 나뉘며, 각 유형은 특정 목적과 환경에 맞춰 사용된다. 새로운 기술이 계속 발전함에 따라 미래에는 더 다양한 형태의 항공기가 등장할 것으로 기대된다.

출처 : pixabay

비행기

출처 : pixabay

비행선

활공기

회전익 항공기

드론

(2) 항공기 종류

국내 항공사는 에어버스(Airbus)사와 보잉(Boeing)사의 기종을 운용하고 있다.

에어버스(Airbus)는 유럽의 항공기 제작 회사이자 방위산업체이며, 국제 연합체로서 프랑스와 독일, 스페인의 국공유 지주회사가 대주주로 참여하고 있다. 국내 대형 항공사에서 보유한 에어버스(Airbus)사의 항공기로는 A380, A350, A330, A321neo, A220이 있다.

보잉(Boeing)은 윌리엄 보잉이 시애틀에서 창립한 미국의 항공기 제작 회사이자 방위산업체이다. 세계에서 가장 큰 항공기 제작사이며 상업용 항공기, 미사일, 우주선 사업도 진행하고 있다. 국내 대형 항공사에는 B747, B777, B787, B737이 있다.

출처 : https//pixabay.com/

Airbus 380

Boeing 777-300

항공기는 중량, 날개 길이, 승객 수, 비행거리 등 여러 기준에 따라 분류된다. 이 기준을 바탕으로 항공기는 대형 항공기, 중형 항공기, 소형 항공기로 나뉘며, 각 항공기는 설계 목적이나 사용 용도에 따라 다르게 설계된다.

❶ 대형 항공기

대형 항공기는 크기와 수용 능력이 매우 큰 항공기이다. 이러한 항공기는 대체로 긴 비행거리와 많은 승객을 수송하는 데 사용된다. 국내 대형 항공사에서 보유한 대형 항공기는 A380, B747, B777이다. 대형 항공기의 주요 특징은 아래와 같다.

두 개의 통로(Dual Aisle)

- 대형 항공기는 기내에 통로가 두 개인 구조로 되어 있다. 이를 듀얼 아일(Dual Aisle) 혹은 와이드 바디(Wide Body) 항공기라고 부른다.
- 두 개의 통로 덕분에 승객들이 더 편하게 이동할 수 있고, 승무원들이 항공기 내부에서 효율적으로 서비스를 할 수 있다.

좌석 수

- 대형 항공기는 300석 이상의 좌석을 보유하고 있다. 일반적으로 일등석, 비즈니스석, 이코노미석 등 여러 클래스의 좌석이 함께 배치되어 있다.
- 예를 들어, 대한항공 A380의 경우 일등석 12석, 비즈니스석 94석, 이코노미석 301석으로, 총 407명이 탑승할 수 있다.
- 좌석 수가 많으므로 장거리 비행이나 국제선 항공편에서 주로 사용된다.

비상구 수

- 대형 항공기는 비상구가 많아, 비상 상황에서 많은 승객들이 빠르게 탈출할 수 있도록 설계되어 있다.

- 예를 들어, 대한항공 A380 항공기는 1층과 2층으로 구성되어 있어 16개의 비상구가 있다. 이는 비상 탈출에 있어 안전성을 높이는 요소이다.

비행시간

- 최대 비행시간은 18시간 정도이다.
- 노선 예시 : 싱가포르–뉴욕(17~18시간, 세계에서 가장 긴 상용 항공 노선 중 하나)

대형 엔진

- 대형 항공기는 큰 엔진을 탑재하고 있어 강력한 추진력을 발휘한다. 이 엔진들은 대형 항공기의 무게와 크기를 감당하고, 고속 비행이 가능하도록 돕는다.

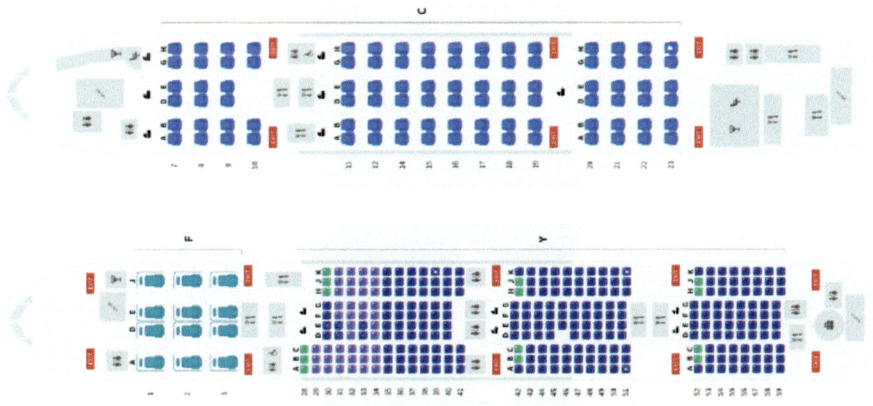

출처: 대한항공 홈페이지

A380 2층(위), 1층(아래) 좌석배치도

다음의 사진은 B777항공기 중 B777–300항공기의 좌석 배치도이다. 비상구는 양쪽에 5개로 총 10개의 비상구가 있다. 총 388석의 승객이 탑승할 수 있으며 대형 항공기에 속한다.

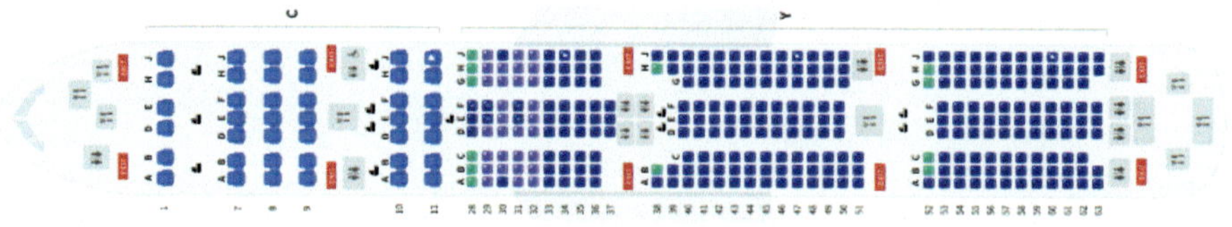

출처: 대한항공 홈페이지

B777-300 좌석배치도

❷ 중형 항공기

중형 항공기는 대형 항공기와 동일하게 통로가 두 개인 항공기(Dual Aisle Aircraft 또는 Wide Body Aircraft)이지만, 대형 항공기보다 작고, 승객 수가 적은 항공기이다. 국내 대형 항공사에서 보유한 중형 항공기는 B787, B777-200, A330이다. 중형 항공기의 특징은 다음과 같다.

두 개의 통로(Dual Aisle)

- 중형 항공기 역시 대형 항공기와 마찬가지로 기내에 통로가 두 개인 구조이다.

좌석 수

- 중형 항공기는 300석 이하의 좌석을 가진다. 대형 항공기와 비교했을 때 승객 수가 적으므로 일반적으로 중거리 비행이나 단거리 국제선에서 자주 사용된다.
- 예를 들어, 대한항공 777-200 항공기는 일등석 8석, 비즈니스석 28석, 이코노미석 225석으로 총 261명이 탑승할 수 있다.

비상구 수

- 중형 항공기는 대형 항공기보다 비상구 수가 적다. 일반적으로 비상구는 양쪽에 3~4개 정도이다.

- 예를 들어, B777-200 항공기는 양쪽에 4개의 비상구가 있어 총 8개의 비상구가 있다. 대형 항공기의 비상구가 보통 10개 이상인 것과 비교했을 때 비상구의 수가 적은 편이다.

비행시간

- 최대 비행시간은 17시간 정도이다.
- 노선 예시 : 인천-런던, 인천-뉴욕, 인천-시드니, 인천-파리 등

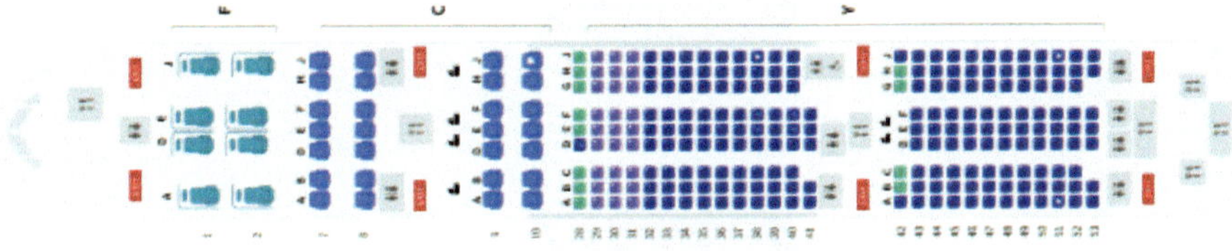

출처: 대한항공 홈페이지

B777-200 좌석배치도

❸ 소형 항공기

소형 항공기는 한 개의 기내 통로가 있는 항공기를 의미한다. 이 항공기는 단거리 비행이나 중거리 비행에서 주로 사용되며, 대형 항공기나 중형 항공기보다 작고, 승객 수가 적은 특징이 있다. 국내 대형 항공사에서 보유하고 있는 소형 항공기는 A321neo, A220, B737이다. 소형 항공기의 특징은 다음과 같다.

한 개의 통로(Single Aisle)

- 소형 항공기는 하나의 통로만 있다. 이를 싱글 아일(Single Aisle) 항공기 또는 내로우 바디(Narrow Body) 항공기라고 부른다. 이 통로는 기내 좌석을 연결하는데, 좌석 간 간격이 좁다.

좌석 수

- 소형 항공기의 승객 수는 대체로 100석에서 200석 사이이다.
- 예를 들어, A321neo는 182석의 좌석을 가지고 있으며, B737은 항공기 세부 모델에 따라 138석에서 188석까지 좌석 구성이 되어 있다.
- 이렇게 적은 승객 수로 인해, 소형 항공기는 단거리 또는 중거리 노선에서 빠르고 효율적으로 승객을 이동시킬 수 있다.

비상구 수

- 소형 항공기의 비상구는 항공기의 양 끝에 4개가 위치해 있고, 날개 위에 있는 창문 쪽에 위치한 비상구(Overwing Window Exit)도 있다. 이 비상구들은 승객들이 비상 상황에서 빠르게 탈출할 수 있도록 돕는다.

비행시간

- 최대 비행시간은 6시간 정도이다.
- 노선 예시 : 국내선, 인천-도쿄, 인천-방콕 등

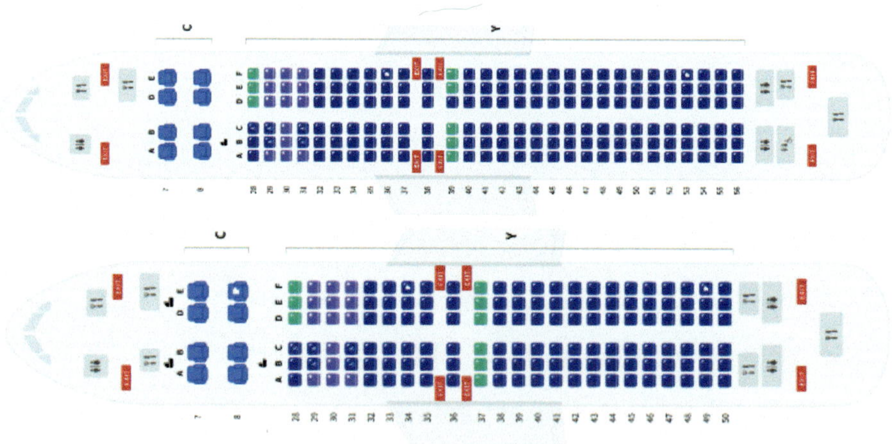

출처: 대한항공 홈페이지

A321neo(위) & B737(아래) 좌석배치도

항공기 종류별 차이점

구분	대형 항공기	중형 항공기	소형 항공기
기내 통로	2개	2개	1개
좌석 수	300석 이상	약 200~300석	약 100~200석
비상구 수	10개 이상	8개	8개 (날개 위 비상구 포함)
비행시간	최대 18시간	최대 17시간	최대 6시간
예시 항공기	A380, B747, B777	B787, B777-200, A330	A321, A220, B737
용도	국제선 중거리, 장거리 노선	국내선, 국제선 단거리, 중거리, 장거리 노선	국내선, 국제선 단거리, 중거리 노선

(3) 항공기 외부 구조

항공기의 외부 구조는 크게 동체, 날개, 꼬리날개, 엔진, 랜딩기어, 노즈, 외장으로 구성되어 있다.

항공기 외부 구조

❶ 동체(Fuselage)

동체(Fuselage)는 항공기의 주요 구조 중 하나로, 비행기 전체의 중앙 본체를 이루는 부분이다. 조종실(Cockpit), 객실(Cabin), 화물칸(Cargo Compartment)

공간으로 구분된다. 조종실을 제외한 객실은 항공기의 종류에 따라 1층 혹은 1, 2층으로 되어 있으며, 객실 아래에는 승객들의 수하물과 화물 등이 있는 화물칸이 있다.

객실

화물칸

❷ 날개(Wing)

항공기 날개는 비행기를 공중으로 띄우는 중요한 역할을 하며, 날개 자체도 여러 부분으로 구성되어 있다. 날개는 스포일러(Spoiler), 플랩(Flap), 에일러론(Aileron)으로 구성되어 있다.

항공기 날개

스포일러(Spoiler)

스포일러는 양력을 줄일 때 사용하는 장치이다. 비행 중 갑작스러운 상황에 고도를 낮춰야 할 때나 착륙 후 빠르게 속도를 줄일 때 스포일러를 위로 세울 경우, 날개를 따라 흐르는 공기의 흐름이 막혀 양력이 줄어들게 된다.

플랩(Flap)

날개의 크기가 커질수록 양력이 커질 것이라 생각하고 크게 만든다면 날개가 무거워질 것이다. 플랩(Flap)은 비행기의 양력을 높이기 위해서 날개에 있는 장치이며, 이착륙 시 많은 양력을 얻을 수 있도록 날개의 모양을 바꾼다. 플랩(Flap)을 전개시켜 양력을 높이고 양력이 충분히 높아졌을 때 플랩(Flap)은 다시 제자리로 돌아온다.

에일러론(Aileron)

공기의 저항력을 이용하여 양력을 줄이는 역할을 한다. 왼쪽 날개의 에일러론을 내리고 오른쪽 날개의 에일러론을 올리면 비행기는 오른쪽으로 선회한다.

여기서 **잠깐!**

비행기가 하늘을 날 수 있는 이유는 무엇일까요?

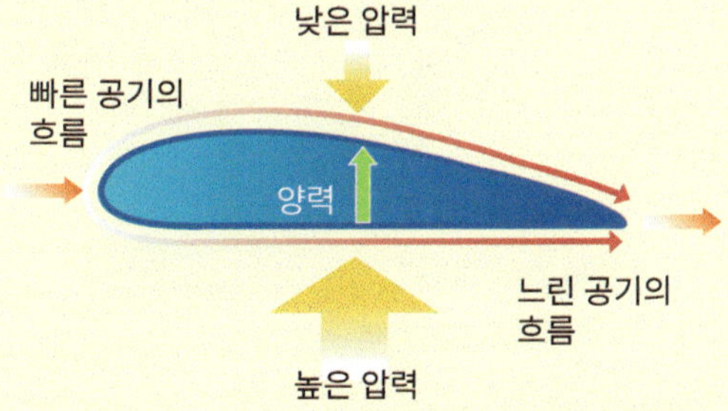

그 이유는 바로 비행기의 날개에서 일어나는 양력 때문이에요. 양력은 비행기의 날개가 공기를 지나가게 하면서 생기는 위로 올라가는 힘이죠. 비행기는 무겁지만, 양력 덕분에 하늘로 떠오를 수 있게 돼요.

비행기의 날개는 앞부분이 살짝 위로 올라간 곡선 모양을 하고 있어요. 이런 형태로 날개를 지나가는 공기의 흐름이 두 가지로 나뉠 수 있어요. 하나는 날개 아래쪽을 따라 흐르고, 다른 하나는 날개 위쪽을 따라 흐르지요. 날개 위쪽의 공기는 아래쪽의 공기보다 더 빨리 흐르게 되는데, 이로 인해 위쪽은 낮은 압력이, 아래쪽은 높은 압력이 생겨요.

그 결과, 날개 아래쪽의 압력이 위쪽보다 더 높아지면서 양력이 발생해요. 이 양력이 비행기를 위로 올려서 결국 비행기가 하늘로 뜨게 되는 거예요.

❸ 꼬리날개(Tail Wing)

항공기의 꼬리날개는 수평과 수직꼬리 날개로 나뉘고 수평안정판과 수직안정판으로 불리는 안정판과 승강타(Elevator)와 방향타(Rudder)라고 불리는 조종면으로 구성된다.

항공기 꼬리날개

수평 안정판(Horizontal Stabilizer)

비행 중 항공기의 수평을 유지하기 위해 조절할 수 있다. 수평 상태로 조절되었을 때, 주어진 속도에서 조종간에 손을 떼어도 수평 비행이 가능하다.

수직 안정판(Vertical Stabilizer)

항공기의 후방부에 있는 고정된 수직 표면을 의미한다. 수직 안정판은 비행기의 방향 안전성을 제공하는 풍향계와 같이 작용한다.

승강타(Elevator)

승강타는 고정된 수평 안정판의 뒷전에 연결되어 있다. 조종실에서 스틱을 전후로 움직이면 승강타는 상하로 움직여 항공기를 상승 또는 하강시키는 데 사용한다.

방향타(Rudder)

비행기 수직 안정판의 뒷전에 부착되어 있다. 조종실에서 발로 조종할 수 있으며 활주로에서 항공기를 좌우로 조종하는 역할을 한다.

❹ 엔진(Engine)

항공기 엔진 4개의 모습

항공기 엔진은 비행기를 하늘로 띄우고, 비행 중에 필요한 추진력을 제공하는 중요한 구성 요소이다. 항공기 엔진은 비행기 종류와 비행 환경에 맞추어 최적화된 성능을 제공한다. 일반적으로 터보팬 엔진이 가장 많이 사용된다.

항공기의 종류에 따라 엔진 1개(단발기), 2개 이상의 엔진은 쌍발기, 3발기, 4발기 등이 있다. 엔진의 안전성은 매우 높아 엔진이 2개 이상 있을 경우, 그중 1개의 엔진이 고장나더라도 나머지 엔진의 힘으로 수평 비행과 이륙 및 상승이 가능하다.

여기서 **잠깐!**

터보엔진에 대해 알아볼까요?

공기를 흡입해 압축하고, 그 공기와 연료를 연소시켜 발생하는 고온의 가스로 추진력을 생성하는 터보제트 엔진의 원리를 바탕으로, 팬을 추가하여 많은 양의 공기를 엔진 밖으로 보내면서 추진력을 생성해요.

터보팬 엔진 구조

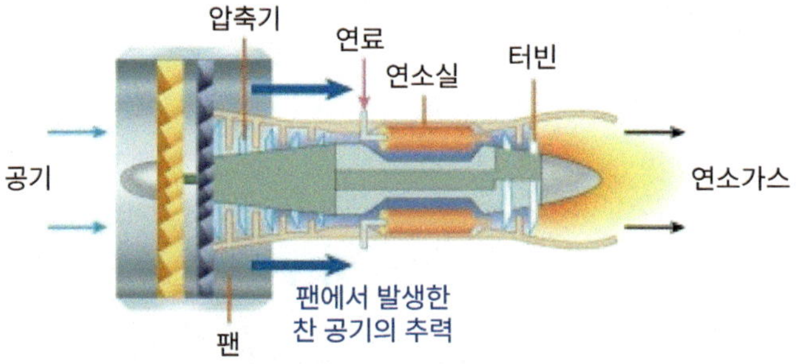

터보팬 엔진(Turbofan Engine)의 구조

- 팬 : 공기 흡입 후, 주로 엔진 외부로 대부분의 공기를 보내고 나머지 공기는 엔진 내부로 보내 압축돼요.
- 압축기 : 팬을 통해 들어온 공기는 압축기에서 압축되어 온도와 압력이 증가해요.
- 연소실 : 압축된 공기와 연료가 혼합되고 점화되어 연소되고, 이 과정에서 고온의 가스가 발생하며, 이 가스는 터빈을 회전하는 데 사용돼요.
- 터빈 : 연소된 고온의 가스는 터빈을 통과하면서 터빈을 회전시켜요. 터빈은 팬과 압축기를 돌리는 데 사용돼요.
- 배기구 : 터빈을 거친 후, 고온의 가스는 배기구를 통해 밖으로 배출되고, 이 배기 가스의 압력 차이가 비행기를 앞으로 밀어내는 추진력을 생성해요.

❺ 랜딩기어(Landing Gear)

항공기 노즈 기어(앞)와 주 기어(뒤)의 모습

랜딩기어(Landing Gear)는 항공기의 이륙과 착륙 시 지면과 접촉하여 비행기를 지지하고, 비행 후 정지를 돕는 중요한 부품이다. 기능과 위치에 따라 주 기어(Main Gear)와 노즈 기어(Nose Gear)로 구분된다.

주 기어(Main Gear)

- 위치 : 주 기어는 항공기의 중앙부, 주로 주 날개 아래에 위치한다.
- 기능

– 하중 지지 : 주 기어는 항공기의 하중을 지탱한다. 착륙 시 발생하는 대부분의 충격을 흡수하며, 항공기의 무게를 분배하는 역할을 한다.

– 이동 및 착륙 안전성 : 착륙 시, 주 기어는 비행기를 지면에 안정적으로 착지시키고, 활주로에서 이동하는 동안 비행기의 균형을 맞추는 역할을 한다.

노즈 기어(Nose Gear)

- 위치 : 노즈 기어는 항공기의 앞부분, 즉 전방에 위치한다.

• 기능

– 방향 조종 : 노즈 기어는 착륙 후, 지면에서 비행기의 방향을 조종하는 역할을 한다.

– 안전성 유지 : 이륙 및 착륙 시 앞부분의 안전성을 유지하고, 비행기가 균형을 맞출 수 있도록 돕는다.

❻ 노즈(Nose)

항공기 노즈(Nose) 표시

Nose Door 열린 모습

항공기의 노즈(Nose)는 항공기의 앞부분을 의미하며, 비행기 구조에서 매우 중요한 부분이다. 노즈(Nose)는 비행기의 방향 조종, 공기역학적 효율성, 센서 장비 및 기상 장치 등 여러 역할을 담당하는 핵심적인 부분이다. 주요 기능은 다음과 같다.

공기 저항을 줄인다.

• 노즈는 날렵한 모양으로 설계되어 공기의 저항을 줄인다.

• 저항이 적으면 연료 효율이 좋아지고, 비행기가 더 부드럽게 날 수 있다.

레이더와 내비게이션 장비를 탑재한다.

- 기상 레이더와 내비게이션 장비가 있어 폭풍, 비, 난기류 등을 감지할 수 있다.
- 이를 통해 조종사는 안전한 경로를 선택하고 비행을 원활하게 진행할 수 있다.

조종실을 보호한다.

- 충격을 흡수하는 구조로 설계되어 조종실을 안전하게 지킨다.
- 새 충돌이나 작은 물체와의 충돌에서도 기체가 손상되는 것을 최소화한다.
- 또한, 내부 기압과 온도를 조절해 조종사가 쾌적한 환경에서 비행을 조종할 수 있도록 한다.

❼ 외장

항공기의 외장은 항공기의 외부 표면을 의미하며, 비행기의 안전성, 성능, 내구성에 중요한 역할을 한다. 외장은 가볍고 강한 재료로 만들어진다. 외부 표면은 도장으로 마감되며, 이는 비행기의 미관을 좋게 하고, 부식 방지와 수명 연장에도 도움을 준다.

항공기 외장의 기능

- 항공기가 공기와 부딪힐 때 받는 저항을 최소화하여 연료 효율성을 높이고, 비행 속도와 안정성을 개선하는 데 중요한 역할을 한다.
- 항공기의 내부 구조를 보호하고, 비행 중 발생하는 압력과 진동에 대한 강한 내구성을 제공한다.
- 외장은 기상 조건에 견딜 수 있도록 설계되어야 한다. 비, 바람, 온도 변화 등에 강한 내구성을 제공한다.

항공기 외장의 유지 관리

항공기의 외장은 비행 중 다양한 기상 조건과 압력 차이에 노출되기 때문에 정기적인 점검과 유지보수가 필요하다. 특히 도장이 벗겨지거나 외부 표면에 균열이 발생하는 경우 즉시 수리해야 한다. 이 과정에서 부식 방지와 공기 저항을 줄이는 성능 유지를 위해 주의 깊은 관리가 필요하다.

국내 항공사의 도장은 각 항공사의 브랜드 정체성을 강조하는 중요한 요소로, 항공기의 외관을 장식하여 그 항공사를 상징하는 역할을 한다. 도장은 단순히 미적인 요소에 그치지 않고 항공사의 정체성, 문화, 전통 등을 반영한다.

2) 항공 객실 등급

항공사의 객실 서비스 등급은 승객의 편의성, 서비스 품질, 좌석의 종류, 가격 등을 기준으로 나뉜다. 주요 서비스 등급은 일등석(First Class), 비즈니스석(Business Class), 이코노미석(Economy Class)으로 나뉜다.

항공사별로 클래스를 분류하는 명칭은 약간의 차이가 있다.

대한항공은 일등석, 비즈니스석, 이코노미석의 세 클래스로 나누고 있으며, Business Class라는 명칭 대신에 Prestige Class로 사용하고 있다. 아시아나항공은 일등석 서비스를 제공하지 않는다. 대신, 비즈니스 클래스의 고급 버전인 비즈니스 스위트(Business Suite)와 비즈니스 스마티움(Business Smartium)을 통해 비즈니스석 이상으로 프리미엄 서비스를 제공한다. 이코노미 클래스는 이코노미석의 업그레이드 버전인 이코노미 스마티움(Economy Smartium)이 있다.

(1) 일등석(First Class)

일등석(First Class)은 항공사의 가장 고급스러운 좌석 등급으로, 승객에게 제공되는 서비스와 편안함이 최고 수준이다. 일등석(First Class) 담당 승무원 전원은 전문 훈련 이수자가 근무할 수 있다. 일등석은 편안함, 개인공간, 고급 서비스를 제공하며, 이로 인해 가격은 가장 높다. 일등석의 특징은 다음과 같다.

일등석 서비스의 특징

- 고급 기내식 : 다양한 프리미엄 메뉴가 준비되어 있으며, 와인이나 샴페인 등 고급 음료도 선택할 수 있다. 셰프가 직접 준비한 프리미엄 요리가 제공된다.
- 기내 엔터테인먼트 : 대형 스크린과 개인 헤드셋, 개인적인 엔터테인먼트 시스템이 제공된다. 최신 영화, 음악, TV 프로그램 등을 승객의 취향에 맞춰 즐길 수 있다.
- 개인별 서비스 : 전담 승무원이 승객을 위해 맞춤형 서비스를 제공한다. 우선 탑승, 우선 수하물 처리 등 편리한 공항 서비스가 제공된다.
- 편의 용품 : 고급 편의 용품이 제공되어 승객은 비행 중에도 편안함을 유지할 수 있다.

일등석 식사

출처 : 에미레이트항공 홈페이지

에미레이트항공 일등석 편의 용품

일등석 좌석의 특징

- 180도 리클라인(Recline)이 가능하고 넓은 간격을 제공하여 사적인 공간을 보장하며, 침대처럼 펼쳐져 장거리 비행에서도 편안한 수면을 지원한다.
- 일부 항공기에는 도어(Door)가 있는 개인실 형태로 제공되기도 한다.

• 고급 침대 매트리스나 이불, 베개 등 편안한 수면용품이 제공된다.

일등석의 좌석은 항공사와 항공기의 종류에 따라 특징, 좌석 간 간격, 좌석 길이 등이 상이하다. 대한항공의 경우, 일등석은 코스모 스위트 2.0, 코스모 스위트, 코스모 슬리퍼로 종류가 나누어져 있으며, 항공기에 따라 다른 좌석이 설치되어 있다. 아래는 대한항공 최고의 일등석이라고 일컫는 코스모 스위트 2.0 좌석의 사진과 설명이다.

대한항공 A380 First Class - 코스모 스위트 2.0

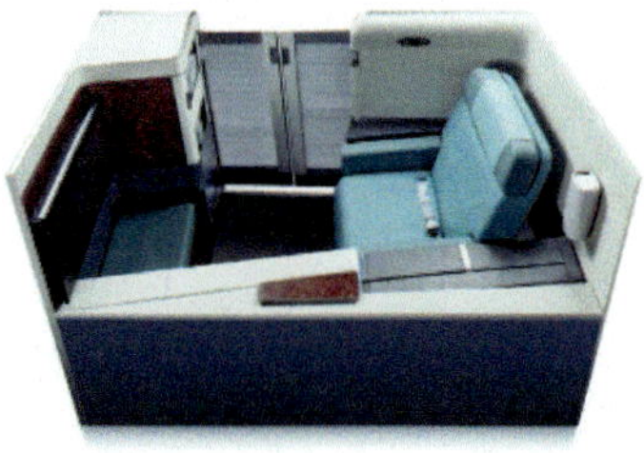

▶ 좌석 간 간격 : 211cm
▶ 좌석 길이 : 203cm
▶ 좌석 너비 : 61~81cm
▶ 모니터 : 24인치

출처: 대한항공 홈페이지

출처 : 에미레이트 홈페이지

에미레이트항공 샤워스파, First Class 좌석

(2) 비즈니스석(Business Class)

비즈니스석은 항공사에서 제공하는 프리미엄 클래스 중 하나로, 이코노미 클래스보다 훨씬 더 높은 수준의 편안함과 서비스를 제공한다. 일반석에 비해 기내식, 음료 중 일부 코스는 고객이 직접 보고 선택할 수 있는 서비스(Presentation Service)를 실시한다. 다양한 종류의 전통 한식과 계절별 신선한 소재로 고품격 서양식 메뉴를 제공하며, 소믈리에(Sommelier)가 선정한 기내식에 어울리는 다양한 와인을 제공한다.

아시아나항공은 기존의 일등석으로 사용되었던 좌석을 비즈니스 스위트(Business Suite)와 비즈니스 스마티움(Business Smartium)으로 구분하였다. 비즈니스 티켓 구매 고객이 결제 시 추가금을 지불하여 이용 가능하도록 운영한다. 최상의 휴식과 사생활이 보장되는 일등석급 품격을 합리적인 가격으로 제공하고 있다. 비즈니스석의 특징은 다음과 같다.

비즈니스석 서비스의 특징

- 고급 기내식 : 비즈니스 클래스 승객은 고급 기내식을 제공받는다. 다양한 프리미엄 메뉴와 음료 선택이 가능하며, 식사는 고급 셰프가 준비한 요리로 제공되기도 한다.
- 기내 엔터테인먼트 : 대형 모니터가 제공되어 영화, 음악, TV 프로그램 등을 즐길 수 있다.
- 맞춤형 서비스 : 비즈니스 클래스 승무원은 승객의 요구에 맞춘 고급 서비스를 제공하며, 승객은 맞춤형 서비스를 받을 수 있다.
- 편의 용품 : 기본적인 편의 용품(헤어 빗, 스킨케어 제품, 치약 및 칫솔 등)이 제공된다. 일부 항공사는 슬리퍼와 목베개도 제공하지만, 퍼스트 클래스보다 간소하다.

비즈니스석 식사

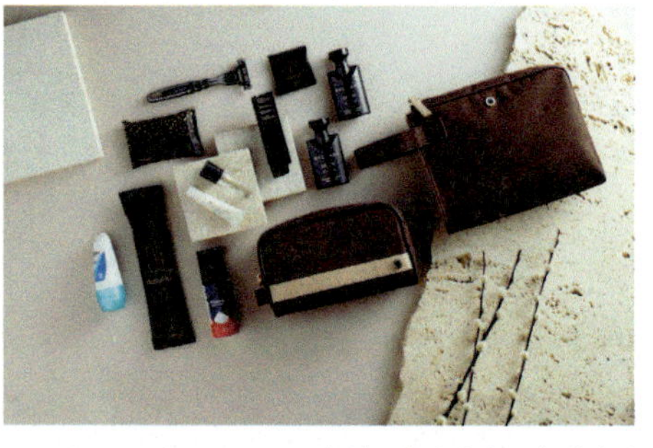

출처 : 에미레이트 홈페이지

에미레이트항공 비즈니스석 편의 용품

비즈니스 좌석의 특징

- 좌석 크기는 이코노미 클래스보다 훨씬 넓고 편안하며, 다리 공간도 더 여유있다.
- 편안한 리클라인(Recline) 기능을 제공하여, 주변 승객에게 영향을 끼치지 않고 뒤로 젖혀 편안하게 휴식을 취할 수 있다.
- 평평한 침대로 펼쳐지는 좌석은 항공기에 따라 있을 수 있다.
- 일부 항공사는 개별 공간을 제공하기도 하며, 도어를 통해 완전한 프라이버시를 유지할 수 있는 좌석도 있다.

비즈니스의 좌석은 항공사와 항공기의 종류에 따라 특징, 좌석 간 간격, 좌석 길이 등이 상이하다. 아래는 대한항공 B787-10의 프레스티지 스위트 2.0 좌석과 아시아나항공 A380 비즈니스 스위트 좌석에 대한 사진과 설명이다.

대한항공 B787-10 Prestige Class - 프레스티지 스위트 2.0

- ▶ 좌석 간 간격 : 117cm
- ▶ 좌석 길이 : 203cm
- ▶ 좌석 너비 : 53cm
- ▶ 모니터 : 23.8인치

출처: 대한항공 홈페이지

아시아나항공 A380 Business Class - 비즈니스 스위트

- ▶ 좌석 간 간격 : 210cm
- ▶ 좌석 길이 : 203cm
- ▶ 좌석 너비 : 55cm
- ▶ 모니터 : 32인치

출처: 아시아나항공 홈페이지

출처 : 대한항공 홈페이지

Business Class 라운지, 좌석

(3) 이코노미석(Economy Class)

이코노미석은 항공사의 기본적인 좌석 등급으로, 대체로 가격이 저렴한 대신 편의 시설이 제한적인 특징이 있다. 최근에는 경쟁이 심화됨에 따라 많은 항공사들이 이코노미석을 개선하여 승객들에게 편안하고 쾌적한 비행 경험을 제공하려 노력하고 있다. 저비용 항공사는 이코노미석을 다양한 등급으로 나누어 저렴하면서도 편리한 좌석과 서비스를 제공한다. 높은 등급은 '스몰 럭셔리(Small Luxury)'라고도 불리며, 기본적인 이코노미석보다 더 나은 서비스를 제공하면서도 가격은 합리적으로 유지하고 있다.

이코노미석의 전반적으로 공통적인 특징은 다음과 같다.

이코노미석 서비스의 특징

- 비행 중에는 일반적으로 간단한 식사나 스낵, 음료를 제공하며, 일부 항공사는 추가로 특별식(채식, 유아식 등)을 요청할 수 있다.
- 음료는 무알코올과 알코올 음료가 제공되며, 음료 서비스가 주기적으로 이루어진다.
- 대부분의 이코노미 좌석에는 개인 모니터가 제공되며, 영화, TV 프로그

램, 음악, 게임 등 다양한 기내 엔터테인먼트를 즐길 수 있다.

- 기본적으로 담요, 슬리퍼와 같은 간단한 편의 용품이 제공된다. 일부 항공사는 이코노미석 승객에게도 스킨케어 제품이나 세면도구 세트를 제공하기도 한다.

이코노미석 식사

출처 : 에미레이트항공 홈페이지

에미레이트항공 이코노미석 편의 용품

이코노미석 좌석의 특징

- 일반적으로 좁고 단단한 디자인을 가지고 있으며, 10도에서 15도 정도의 리클라인(Recline) 기능이 제공되는 경우가 많다.
- 항공기의 창가 좌석이나 통로 좌석을 선택할 수 있으며, 좌석에 따라 비상구 근처나 앞쪽 좌석은 공간이 더 넓거나 승객이 먼저 탑승하고 내릴 수 있는 장점이 있다.

최근 많은 항공사들이 좌석 간격을 넓히거나 기내 엔터테인먼트 및 편의 용품을 개선하여 차별화를 두고 있다. 에어프레미아처럼 중장거리 비행에 집중하는 항공사는 편안한 좌석과 서비스를 제공해 승객들에게 더 나은 여행 경험을 제공하고 있다. 아래는 좌석 배치, 편안함을 개선하고자 대한항공에서 새롭게 도입한 뉴 이코노미 좌석, 에어프레미아의 프리미엄 이코노미, 대한항공의 일반적인 이코노미 좌석에 대한 사진과 설명이다.

대한항공 B787-10 - 뉴(New) 이코노미

- ▶ 좌석 간 간격 : 81.28cm
- ▶ 좌석 너비 : 43cm
- ▶ 모니터 : 24인치
- ▶ 인체공학적 설계와 더 많은 리클라인 기능 제공
- ▶ 통기성 좋은 패브릭으로 제작

에어프레미아 B787 드림라이너 - 프리미엄 이코노미

- ▶ 좌석 간 간격 : 106~116cm
- ▶ 좌석 너비 : 48~50cm
- ▶ 모니터 : 13인치
- ▶ 5단계 밝기 조절, 최신식
- ▶ 통기성이 좋은 패브릭 제작

대한항공 - 일반 이코노미

- ▶ 좌석 간 간격 : 78~88cm
- ▶ 좌석 너비 : 45cm
- ▶ 모니터 : 12인치

2 항공기 내부 구조

1) 조종실(Cockpit)

조종실 내부

항공기는 조종사에 의해 조종되며 조종실(Cockpit)은 플라잇 데크(Flight Deck)라고도 한다. 조종실은 객실의 최전방에 위치하고 있다. A380 항공기는 1층과 2층 객실 최전방의 중간, B747 항공기는 2층 객실의 최전방에 있다. 조종실에는 조종사를 위한 좌석, 물품 보관 장소, 비상장비, 통신장비, 자동화 시스템 등이 있다.

(1) 좌석(Seat)

조종실 내의 모든 좌석은 좌석벨트와 숄더 하네스(Shoulder Harness)를 갖추고 있다.

2인 조종실

- 기장 Captain
- 부기장 First Officer

착석 위치

- 왼쪽 좌석 – 기장
  - ＊ 항공기의 좌측은 캡틴사이드(Captain Side)라고도 불린다.
- 오른쪽 좌석 – 부기장
- 세 번째 좌석 – 항공기관사 또는 인가받은 참관인(Observer)
- 네 번째 좌석 – 인가받은 참관인(Observer)

항공기 출입, 특히 조종실 보안이 더욱 강화됨에 따라 조종실에 출입하기 위해서는 아래의 출입 인가 서류가 필요하다.

조종실 출입 인가 서류

조종실 출입 인가 서류	발행권자
조종실 승인(Cockpit Auth)	대한항공 운항승무부 담당 인원
항공기 출입 요구서	국토해양부장관 또는 지방항공청장

2) 기내 좌석

(1) 승객 좌석

승객 좌석

승객 좌석은 일등석(First Class), 비즈니스석(Business Class), 이코노미석(Economy Class)별로 좌석의 크기, 앞좌석 간 간격, 좌석 등받이의 기울기 등이 상이하다. 좌석은 팔걸이(Armrest), 발받침대(Footrest), 등받이(Seatback), 트레이 테이블(Tray table), 좌석 앞주머니(Seat Pocket), 모니터(Monitor), PSU(Passenger Service Unit), PCU(Passenger Control Unit)로 구성되어 있다.

❶ 팔걸이(Armrest)

모든 좌석에 있으며, 좌석을 기울일 수 있는 조절 버튼이 달려 있다.

일반석 팔걸이

❷ 등받이(Seatback)

좌석 등받이의 조절 버튼은 팔걸이에 있다. 좌석을 뒤로 기울였을 때 비상구를 방해하는 좌석의 경우, 좌석이 뒤로 기울어지지 않는다.

일반석 등받이

❸ 좌석 앞주머니(Seat Pocket)

좌석 등받이에 붙어 있으며, 항공사의 인쇄물이 들어 있다. 앞좌석이 없는 경우, 승객의 좌석 옆에 있다.

일반석 좌석 앞주머니

❹ 발받침대(Footrest)

일등석과 비즈니스 좌석에 설치되어 있다. 발받침대 조절 장치는 팔걸이(Armrest)에 있다.

상위 클래스 좌석 발받침대

❺ 트레이 테이블(Tray Table)

대부분의 Tray Table은 좌석 등받이에 있으며, 아래로 내려서 사용하고 사용하지 않을 때는 위로 올려 고정 장치를 이용하여 고정한다.

일반석 좌석 Tray Table

❻ 모니터(Monitor)

대부분의 항공기에는 승객 좌석 앞에 모니터가 있으며, 승객은 모니터를 통해 다양한 음악, 영화, TV 프로그램, 게임 등을 이용할 수 있다. 모니터의 유무와 크기는 항공기의 종류 및 클래스별로 상이하다.

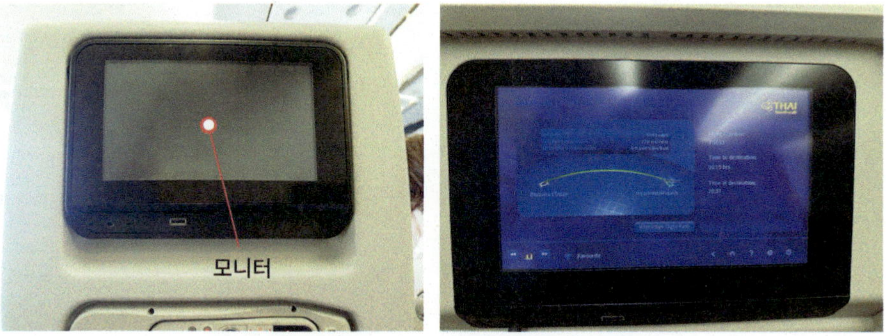

일반석 승객 좌석의 모니터

❼ PSU(Passenger Service Unit)

PSU는 승객 좌석 상단 천장에 있으며, 금연 신호와 좌석벨트 착용 신호, 독서등(Reading Light), 그리고 환풍구(Air Vent), 승객 호출 표시등(Passenger Call Indicator), 산소마스크 등이 있다. PSU의 구성요소는 항공기의 종류에 따라 상이할 수 있다.

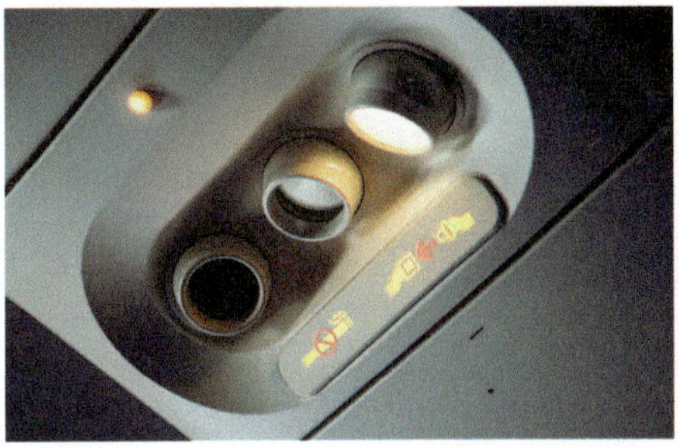

PSU

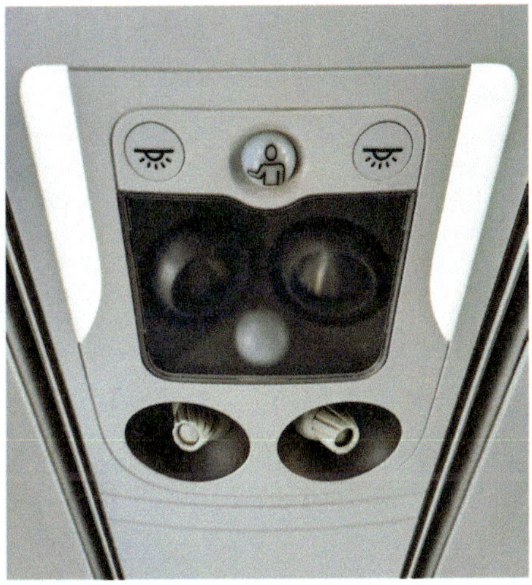

PSU

❽ PCU(Passenger Control Unit)

승객이 조절할 수 있는 장치로, 승객 호출버튼, 독서등 및 기내 엔터테인먼트를 조절하는 장치를 말한다.

PCU

(2) 승무원 좌석(Jumpseat)

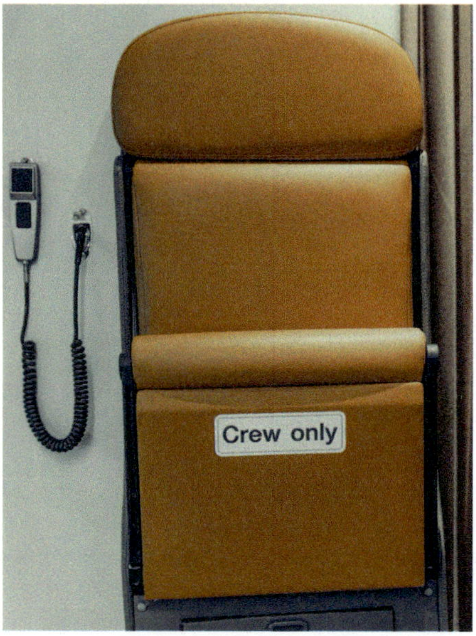

싱글 점프싯

더블 점프싯

객실승무원의 좌석은 점프싯(Jumpseat)이라고 불리며, 주로 비상구 주변에 위치한다. 승무원들은 비상 상황에서 빠르게 대처할 수 있도록 이 좌석에 앉게 된다.

승무원 좌석의 종류

- 싱글 점프싯(Sigle Jumpseat) : 한 명의 승무원이 앉을 수 있는 좌석이다.
- 더블 점프싯(Double Jumpseat) : 두 명의 승무원이 앉을 수 있는 좌석이다.

승무원 좌석 주변에 비치된 장비

승무원 좌석 주변에는 비상 상황에 대응할 수 있는 장비들이 준비되어 있다. 비상장비는 승무원 좌석마다 상이하나, 기본적으로 비치되어 있는 장비는 다음과 같다.

- 손전등(Flashlight) : 어두운 환경에서 승무원이 필요한 곳을 밝히기 위해

사용한다.

- 승무원용 구명복(Life Vest) : 비상 착수 시 사용할 수 있는 구명복이다.
- 인터폰(Interphone) : 기내에서 다른 승무원이나 조종실과 소통할 수 있는 장비이다.
- 승무원용 좌석벨트(Shoulder Harness) : 승무원 좌석에 비치되어 있어 승무원이 비상 상황에서도 안전하게 앉을 수 있도록 도와준다.

3) 기내 의사소통 시스템

객실승무원과 운항승무원의 의사소통 시스템은 승무원들이 승객들에게 안전하고 편안한 비행 경험을 제공하는 데 중요한 역할을 한다. 승무원 간의 원활한 소통은 기내 서비스의 질을 높이고, 비상 상황에서 신속하고 효율적으로 대응할 수 있게 해준다. 주요 의사소통 시스템은 다음과 같다.

(1) PA 시스템(Public Address System)

- 기능 : PA 시스템은 객실승무원이 승객들에게 중요한 정보를 전달하는 데 사용된다. 기내방송 시스템으로 안전 안내, 기내 서비스 제공, 비상 상황 알림 등을 방송할 때 사용된다.
- 사용 예시 : 승객들에게 안전벨트 착용을 안내할 때, 비행 중 날씨 정보나 예상 도착 시간을 알릴 때, 또는 비상 상황 발생 시 승객들에게 지침을 전달할 때 사용된다.
- 특징 : 승무원들은 승무원 좌석(Jumpseat) 주변에서 핸드셋(Hanset)을 통해 승객들에게 방송을 할 수 있으며, 이 시스템은 승객들에게 중요한 안전 정보나 비상 상황 지침을 빠르고 명확하게 전달할 수 있도록 돕는다.

출처 : 저자 소장

PA 시스템

(2) 내부 전화 시스템(Interphone)

- 기능 : Interphone 시스템은 항공기 내에서 승무원들 간의 통신을 지원하는 장치이다. 이 시스템을 통해 승무원들은 기내 각 구역에서 서로 연락을 주고받을 수 있다.
- 사용 예시 : 승무원이 다른 구역에 있는 동료 승무원에게 도움을 요청하거나, 중요한 상황에 대해 상호 확인할 때 사용된다.
- 특징 : 이 시스템은 비행 중 승객들의 휴식을 방해하지 않고 원활하게 소통할 수 있도록 돕는다.

4) 짐 보관장소

항공기에는 다양한 짐 보관장소가 존재하며, 각 공간은 비행 중 승객과 승무원이 필요로 하는 물품을 보관하고, 항공기 운항과 안전에 중요한 역할을 한다. 보관장소로 오버헤드 빈(Overhead Bin), 좌석 밑 공간, 코트룸(Coatroom)이 있다.

(1) 오버헤드 빈(Overhead Bin)

- 위치 : 승객 좌석 위쪽, 기내 천장 근처에 위치한 수납 공간이다.
- 용도 : 손잡이 가방, 배낭, 기내 반입 수하물 등을 보관하는 데 사용된다.

- 특징 : 크기와 형태가 항공기 종류에 따라 다르며, 각 승객의 가방을 수납할 수 있도록 설계되었다.

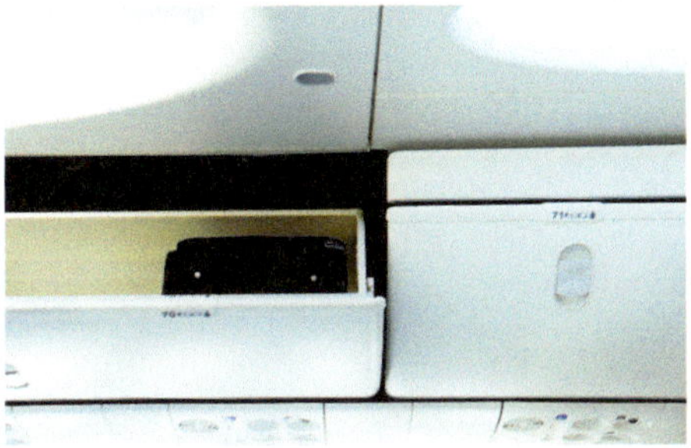
아래로 당겨 여는 오버헤드 빈-Airbus기종

위로 여는 오버헤드 빈-Boeing기종

(2) 좌석 밑 공간

- 위치 : 승객 좌석 바로 아래, 다리가 위치하는 공간이다.
- 용도 : 작은 가방, 자기 짐 등을 보관하는 데 사용된다.
- 특징 : 대부분의 항공사는 이 공간에 기내 반입 짐을 두도록 허용하며, 비상시에는 장애물이 없도록 관리되어야 한다.

좌석 밑 공간

(3) 코트룸(Coatroom)

- 위치 : 일반적으로 기내 앞쪽이나 비행기의 중간 부분에 위치한다.
- 용도 : 주로 상위 클래스(일등석 및 비즈니스석) 승객에게 제공되는 경우가 많다. 부피가 큰 의류를 보관하는 데 사용된다.
- 특징 : 객실 내 수납공간을 효율적으로 활용할 수 있다. 편안한 비행을 돕기 위한 서비스로, 좌석 밑 공간이나 오버헤드 빈(Overhead Bin)을 자주 사용하는 대신 의류를 따로 보관할 수 있는 장소이다.

5) 주방(Galley)

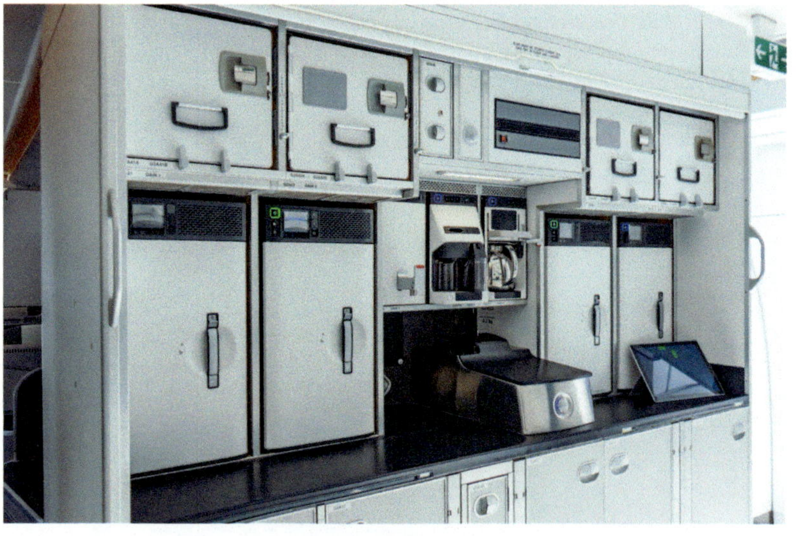

항공기 주방(Galley)

항공기 주방(Galley)은 기내에서 음식과 음료를 준비하고 제공하는 공간으로, 승객들에게 제공되는 기내식을 준비하는 중요한 역할을 한다. 주방(Galley)은 항공기의 앞쪽, 중간, 후방에 위치할 수 있고, 대형 항공기에서는 여러 곳에 주방이 있을 수 있다.

일반적으로 클래스별 한 개씩 있으며 항공기의 크기에 따라 상이하다. 중형 항공기와 대형 항공기 이코노미 클래스의 경우 두 개 이상의 갤리로 운영된다. 아래 그림에 있는 대형 항공기인 B747기종의 경우, 이코노미 클래스의 서비스 준비를 위하여 3개의 주방(Galley)을 활용하여 서비스를 진행한다.

출처: 대한항공 홈페이지

B747 항공기 1층 이코노미 클래스 Galley

주방(Galley) 안에는 여러 가지 보관공간이 있다. 이 공간들에는 음료수, 기내 용품, 그리고 승객들에게 제공될 다양한 서비스 물품들이 보관된다. 대표적으로 캐리온박스(Carry−on Box)와 컴파트먼트(Compartment)가 있는데, 물품을 보관하는 공간이라는 점에서 비슷하지만, 사용 방식과 운영 방식에서 차이가 있다.

(1) 캐리온박스(Carry−on Box)

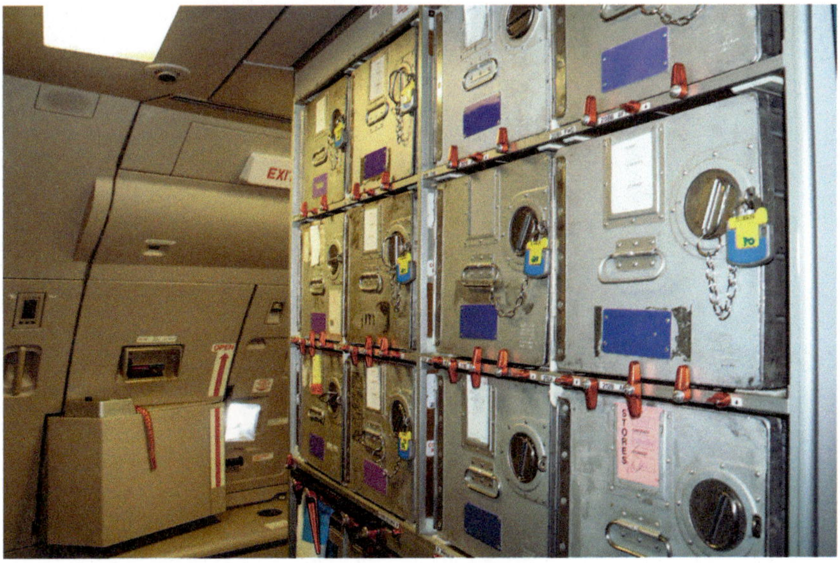

주방(Galley) 내 캐리온박스

- 용도 : 캐리온박스(Carry-on Box)는 주로 서비스에 필요한 물품들을 보관하는 상자이다. 예를 들어, 음료수, 종이컵, 플라스틱컵, 물, 서비스 물품 등 승객들에게 제공될 서비스 아이템이 들어간다.
- 탑재와 하차 : 캐리온박스는 출발 시 기내식 담당 직원이 항공기 내 주방(Galley)에 탑재하고, 도착 후 하차할 수 있다. 즉, 비행 전에 필요한 물품을 미리 실어두고, 비행이 끝나면 그 물품을 하차하여 다시 재사용하거나 교체할 수 있도록 한다.
- 특징 : 캐리온박스(Carry-on Box)는 비행 중 서비스 제공에 필요한 모든 물품을 담아두고, 하차가 가능하여 물품 관리가 용이하다.

(2) 컴파트먼트(Compartment)

주방(Galley) 내 컴파트먼트

- 용도 : 컴파트먼트(Compartment)는 항공기 주방(Galley) 내부에 있는 서랍 형태의 수납 공간이다. 이 공간에는 종이컵, 플라스틱컵, 쟁반, 주전자

등을 보관한다.

- 차이점 : 캐리온박스(Carry-on Box)와 달리 컴파트먼트(Compartment)는 하기하지 않고 비행 중 계속 항공기 내에 남아 있다. 즉, 물품을 계속해서 보관하고 관리할 수 있는 공간이다.
- 특징 : 컴파트먼트(Compartment)는 비상장비나 상시 필요한 물품을 보관하는 데 사용된다. 승무원들은 비행이 끝난 후, 서비스 물품의 교체 및 하기가 필요하다고 판단되는 물품들은 꺼내어 하차할 수 있도록 한다.

(3) 냉장고

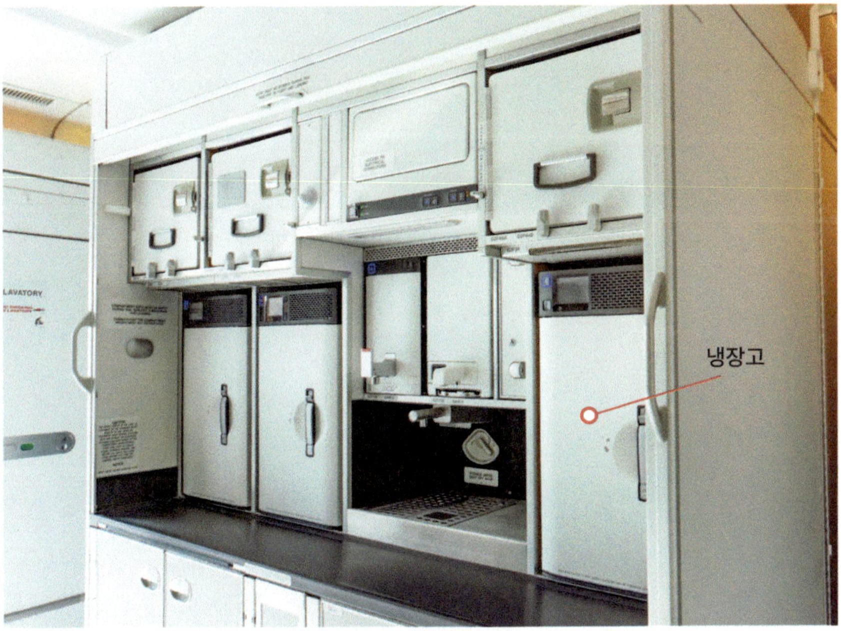

주방(Galley) 내 냉장고

주방(Galley) 내 냉장고는 항공기 기내에서 음식과 음료를 적정 온도로 보관하는 중요한 역할을 한다. 비행 중 기내식이나 음료, 간식 등을 신선하게 유지하기 위해 필수적으로 사용되는 장비이다. 음료(물, 주스류, 우유, 화이트와인 등)를 보관한다.

(4) 오븐(Oven)

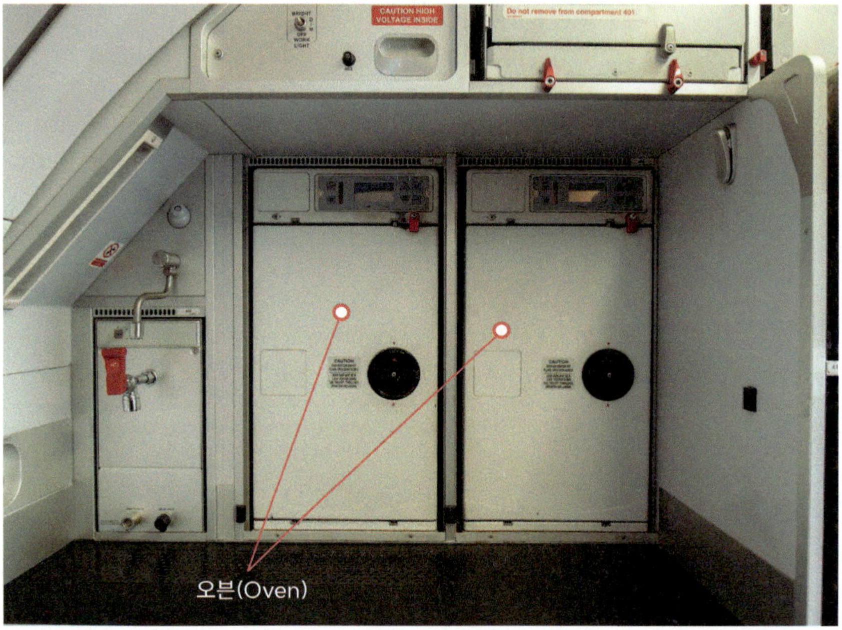

주방(Galley) 내 오븐

갤리 내 오븐(Oven)은 항공기에서 기내식을 준비하고 데우는 중요한 장비이다. 비행 중 승객에게 제공되는 기내식은 주로 사전 준비된 식사가 많지만, 음식을 따뜻하게 제공하기 위해 오븐(Oven)에서 음식을 적절한 온도로 데우거나 익혀야 한다. 객실승무원들은 각 기내식의 종류에 맞게 항공사에서 정해놓은 시간을 정확히 지켜야 한다. 이를 위해 오븐(Oven)은 타이머 기능을 갖추고 있어, 승무원들이 정확한 시간에 맞춰 음식을 데울 수 있도록 돕는다.

(5) 워터보일러(Water Boiler)

출처 : 저자 소장

워터보일러

워터보일러(Water Boiler)는 물을 빠르게 끓여서 필요한 온도로 만들어주는 장비이다. 워터보일러(Water Boiler) 전용 용기에 국, 수프, 라면 등의 식재료와 물을 넣고 끓여 서비스할 수 있다.

(6) 커피메이커(Coffee Maker)

커피메이커

항공기 커피메이커(Coffee Maker)는 비행 중 승객들에게 커피 음료를 제공하기 위해 사용되는 장비이다. 주방(Galley) 내에 설치되어 있으며, 커피를 빠르고 효율적으로 추출하여 승객들에게 제공할 수 있도록 한다.

일부 항공사의 경우 승객에게 다양한 커피를 제공하기 위해 커피메이커 대신 고성능 에스프레소 머신을 도입한 곳도 있다.

에어 브리딩(Air Breathing)

커피메이커를 사용하기 전, 내부의 공기를 빼는 작업을 말한다. 커피메이커의 물탱크나 커피 추출 시스템 내부에 공기 방울이 있으면 물의 흐름이나 온도가 불안정해져서 커피 추출이 제대로 이루어지지 않을 수 있다. 따라서 안정적인 커피 추출을 위해 꼭 해야 하는 과정이다.

뜨거운 물 나오는 곳

(7) 서비스 카트(Service Cart)

서비스 카트

서비스 카트(Cart)는 식사, 음료 서비스, 기내 판매 서비스 및 기용품을 보관하는 데 사용되며, 비행 중 승객들에게 음료, 기내식 등을 제공하는 데 사용되는 이동식 수레이다. 카트(Cart)는 기내에서 승객들에게 서비스를 제공하는 데 도움을 주는 필수적인 도구이다.

카트(Cart) 사용 시 주의사항

- 카트(Cart)는 사용하지 않을 경우 갤리(Galley) 내 카트 보관장소에 안전하게 보관해야 한다.
- 객실에서 서비스할 때는 카트를 멈춰 고정한 후에 진행해야 한다.

(8) 쓰레기통

일반 쓰레기통

압축 쓰레기통

항공기 종류에 따라, 일반 쓰레기통과 압축 쓰레기통(Trash Compactor)으로 구분된다. 압축 쓰레기통은 작동 버튼을 눌러 쓰레기의 부피를 줄일 수 있다. 패트병, 음료팩과 같은 부피가 큰 쓰레기를 압축시키는 데 용이하다.

압축 쓰레기통 사용 시 주의사항

- 액체가 들어 있거나 깨질 수 있는 형태의 쓰레기는 넣지 않아야 한다.
- 압축시킨 쓰레기가 충분히 쌓였을 경우 작동이 정지된 상태에서 압축 쓰레기통의 문을 열고 쓰레기가 들어 있는 박스를 교체해야 한다.

(9) 배수구 & 수전(Drain & Water Faucet)

배수구 & 수전

주방(Galley)에는 물이 나오는 수전(Water Faucet)이 설치되어 있어 승무원들이 물을 사용할 수 있다. 그러나 이 물은 식수로 사용하지 않는다. 수전(Water Faucet) 아래에는 배수구(Drain)라는 물을 버리는 곳이 있고 이 물은 항공기의 외부로 배출된다. 배수구를 통해 나가는 물은 순수한 물이어야만 한다.

배수구 사용 시 주의사항

- 색이 있는 액체인 와인과 커피, 건더기가 있는 음식물은 버리면 안 된다.
- 우유와 와인을 함께 버리면 화학적 반응으로 고형화되어 배수구를 막을 수 있다.
- 항공기가 주기장에 정지해 있을 때는 지상 근무 직원들이 근처에 있으므로, 이때는 배수구 사용을 금지하고 있다.

(10) 전기 회로 차단기(Circuit Breaker)

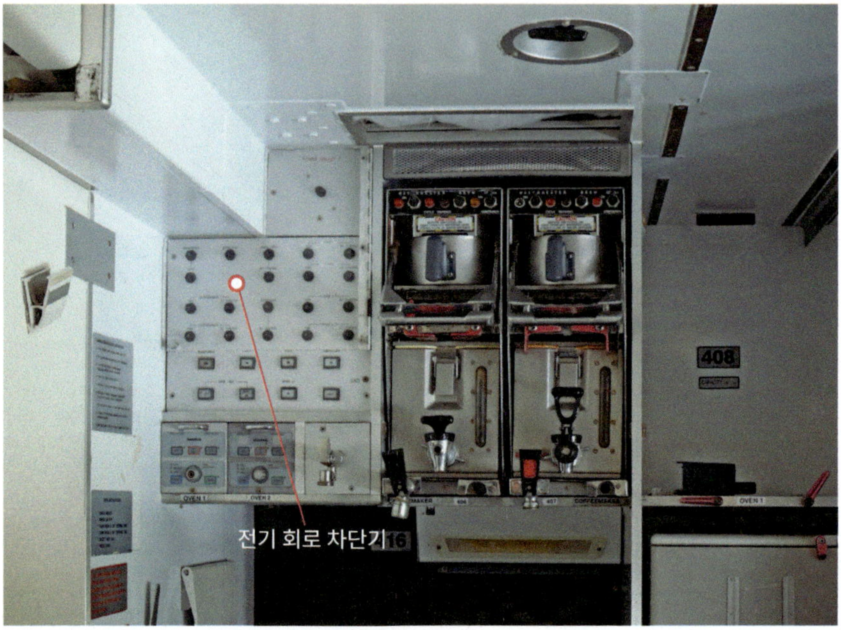

전기 회로 차단기

항공기의 주방(Galley)에는 여러 가지 전기 설비가 설치되어 있으며, 이들 설비는 전기 회로 차단기(Circuit Breaker)로 관리된다.

전기 회로 차단기(Circuit Breaker) 작동 원리

- 전기 과부하가 발생하면 해당 설비의 전기 회로 차단기(Circuit Breaker)가 자동으로 튀어 나와서 전기가 차단된다.
- 전기 과부하가 발생할 가능성이 있는 설비는 승무원들이 전기 회로 차단기(Circuit Breaker)를 수동으로 빼서 전원을 차단할 수 있다.

전원 재연결 방법

- 과열 현상이 해결된 후, 전기 회로 차단기(Circuit Breaker)를 다시 누르면 전원이 재연결된다.
- 전원을 재연결하기 전에 기장에게 반드시 연락해야 하며, 재연결된 전기 회로 차단기(Circuit Breaker)는 모든 승무원이 인지할 수 있도록 표시해야 한다.

주의사항

- 전원 재연결은 한 번만 가능하다. 즉, 만약 전원 재연결 후 다시 문제가 발생하면 추가적인 재연결은 불가능하다.

(11) 비상시 전원 차단 스위치(Emergency Power Off Switch)

비상시 전원 차단 스위치

비상시 전원 차단 스위치는 항공기에서 전기적 문제가 발생했을 때, 전기 시스템을 빠르게 차단할 수 있는 중요한 장치이다. 이 스위치는 비상 상황에서 전력 과부하, 화재, 전기적 고장 등을 예방하고 승객과 승무원의 안전을 보장하기 위해 사용된다.

(12) 물 차단 밸브(Water Shut-Off Valve)

물 차단 밸브

물 차단 밸브는 주방(Galley)에 있는 수도 시스템에서 물의 흐름을 제어하는 중요한 장치이다. 이 밸브는 물의 공급을 차단하거나 흐름을 제어하는 역할을 하며, 비상 상황 또는 정비 작업 중 물의 유출을 방지하는 데 사용된다.

(13) 비상벨(Hijacking Warning Bell)

각 갤리(Galley)에는 항공기 테러나 납치와 같은 비상 상황 발생 시 조종실로 연락할 수 있는 비상벨이 장착되어 있다. 이 벨은 대개 전기 회로 차단기(Circuit Breaker) 근방에 있다.

6) 화장실(Lavatory)

항공기 내 화장실은 승객에게 편안한 기내 환경을 제공하고, 특정 요구 사항을 충족시킬 수 있도록 설계되어 있다. 주요 화장실 유형으로는 일반 화장실, 유아 기저귀 교체 화장실, 그리고 장애인 화장실이 있다.

(1) 일반 화장실

- 기본적인 화장실 시설로 대부분의 승객이 이용하는 공간이다.
- 변기, 세면대, 손 세정제, 거울 등 기본적인 편의 시설을 갖추고 있다.
- 일반적인 수압 시스템 대신 진공식 시스템을 사용하여 물을 배출한다.

일반 화장실

(2) 유아 기저귀 교체 화장실

- 유아를 동반한 부모를 위해 설계된 화장실로, 기저귀 교환대가 설치되어 있다.
- 유아를 동반한 승객에게는 지상에서 해당 화장실의 위치를 설명해 주는 것이 좋다.

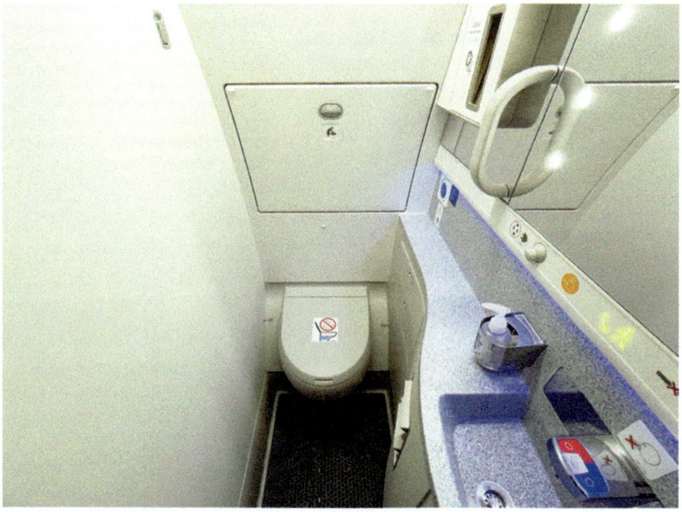

유아 기저귀 교체 화장실

(3) 장애인 화장실

- 장애인이나 이동에 어려움이 있는 승객을 위한 특수 화장실로, 더 넓은 공간과 특수 설비가 마련되어 있다.
- 휠체어 접근이 가능하도록 넓은 공간이 확보되어 있으며, 승객이 편리하게 이용할 수 있도록 손잡이가 설치되어 있다.
- 장애인 승객에게는 화장실 위치를 설명해 드리고 도움을 요청할 시, 적극적으로 도와드린다.

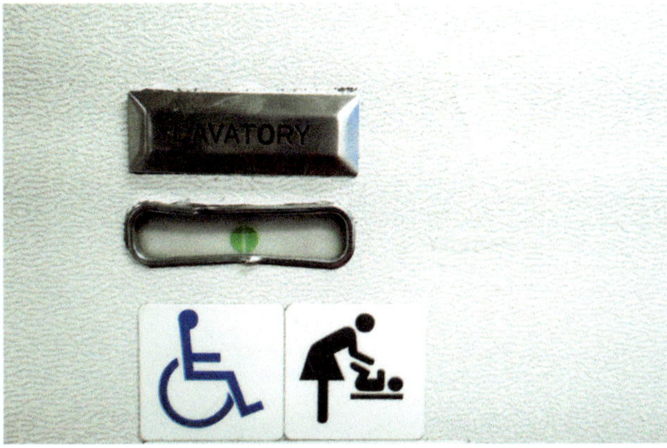

장애인, 유아용 화장실

7) 항공기 도어(Door)

항공기 도어(Door)는 승객의 탑승 및 하기, 지상에서의 서비스 물품 적재 및 하역, 그리고 비상시에 탈출구로 사용된다. 항공기의 종류에 따라 구성 요소의 명칭과 형태가 다르나 기본적인 구성 요소는 다음과 같다.

(1) 도어 오퍼레이팅 핸들(Door Operating Handle)

– Door를 여닫는 손잡이

(2) 어시스트 핸들(Assist Handle)

– Door 주변 벽면이나 Door의 안쪽에 위치하는 손잡이

(3) 슬라이드 버슬(Slide Bustle)

– Door 하단 부분으로 Slide, 또는 Slide/Raft가 들어 있는 곳

(4) 뷰잉 윈도우(Viewing Window)

– Door에 장착된 작은 창문

(5) 슬라이드 아밍 레버(Slide Arming Lever)

– Door를 정상위치, 팽창위치로 변경하는 레버

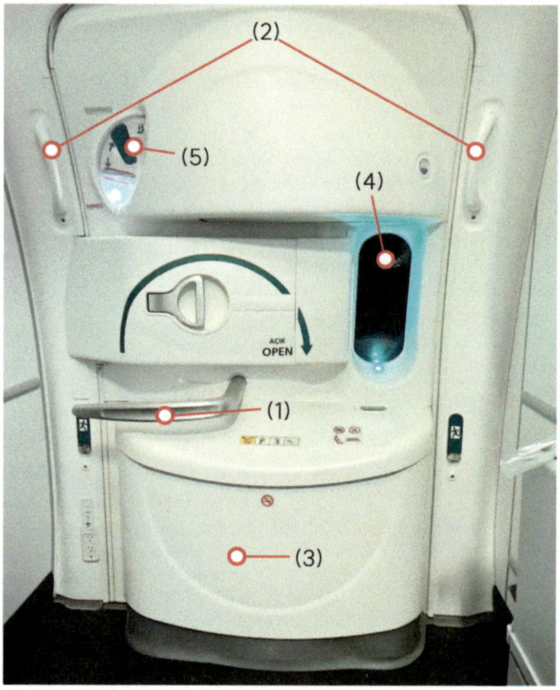

항공기 Door

8) 승무원 휴식 공간(Bunk/Crew Rest Area)

승무원 휴식 공간은 항공기 내에서 승무원들이 비행 중 휴식을 취할 수 있는 공간이다. 이 공간은 승무원들의 근무 시간과 비행 환경에 따라 매우 중요하며, 비행 중 피로를 풀고 집중력을 유지할 수 있도록 돕는다. 승무원 휴식 공간은 항공기의 크기와 종류에 따라 다르지만, 일반적으로 다음과 같은 특징이 있다.

(1) 위치

- 승무원 휴식 공간은 일반적으로 승객 구역과는 분리된 곳에 위치한다. 주

로 비행기의 중간이나 후방의 상단 혹은 하단에 승무원 휴식 공간이 마련되어 있다.

- 일부 중형 항공기에는 승무원 휴식 공간이 마련되어 있지 않아, 승객 좌석 구역의 일부를 지정하여 사용하기도 한다.

(2) 구성

- 승무원 휴식 공간은 기본적으로 침대 형태를 갖추고 있다.
- 공간은 구역으로 나누어져 있어, 각 승무원이 자율적으로 이용할 수 있는 개인 공간이 제공된다. 이곳에는 수면을 위한 침대, 담요, 베개 등이 있다.
- 휴식 공간 내에는 비상 상황에서 사용될 수 있는 비상장비나 통신 시스템이 구비되어 있다.

(3) 휴식 시간

- 승무원 휴식 시간은 비행시간과 항공기의 종류에 따라 다르게 설정될 수 있다. 비행의 특성에 맞춰 승무원들이 충분히 휴식을 취할 수 있도록 규정이 마련되어 있으며, 이를 통해 피로를 관리하고 승무원들이 효율적으로 업무를 수행할 수 있도록 돕는다.
- 장거리 비행(예: 8시간 이상)에서는 승무원들이 일정 시간 동안 교대로 휴식할 수 있게 하며, 2시간에서 4시간 정도의 휴식 시간을 취할 수 있도록 한다.

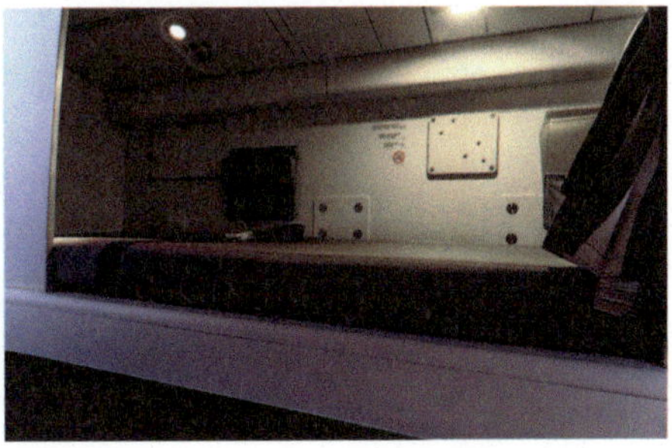

승무원 휴식 공간

3 항공기 비상 의료장비

1) 화재 장비

(1) 소화기

항공기 내에 실리는 소화기는 기내 화재 발생 시 승무원들이 빠르게 대응할 수 있도록 돕는 중요한 안전장비이다. 항공기는 다양한 화재 위험 요소를 포함하고 있기 때문에 각 화재 유형에 맞는 다양한 소화기들이 항공기에 비치되어 있다. 항공기에서 사용되는 소화기는 주로 물(H_20), Halon과 같은 소화 물질을 사용한다.

소화기

이 소화기들의 종류와 사용 목적은 다음과 같다.

❶ H_20 소화기(물 소화기)

- 물 소화기는 주로 고체 물질 화재(예: 종이, 나무)에 사용되며, 물이 열을 흡수하여 화재를 진압한다. 전기 화재나 기름 화재에는 사용하지 않아야 한다.

❷ Halon 소화기(할론 소화기)

- Halon 소화기는 전기 화재나 기계 화재에 사용되며, 화재 발생 시 산소를 차단하고 불꽃을 억제한다. 화학적인 방식으로 화재를 진압한다.

A, B, C 클래스 화재 분류

화재 분류	화재 유형	소화기 종류	사용 금지 소화기
Class A	고체 물질 화재 예) 나무, 종이, 천 등	H_2O 소화기	-
Class B	액체 화재 예) 기름, 알코올, 페인트 등	Halon 소화기	H_2O 소화기
Class C	전기 화재 예) 전기 장비, 전선 등	Halon 소화기	H_2O 소화기

(2) 석면장갑

석면장갑은 화재 진압 시 승무원들이 손을 보호하기 위해 사용된다. 고온 물질을 다룰 때, 불꽃이나 열기로부터 손을 보호하는 중요한 역할을 한다.

석면장갑

(3) 손도끼

손도끼는 비상 탈출이나 구조 작업 시 문을 부수거나 기내 구조물을 제거하는 데 사용될 수 있다.

손도끼

(4) 화재진압용 마스크(PBE, Protective Breathing Equipment)

화재진압용 마스크는 화재 발생 시 승무원을 보호하는 중요한 장비로, 유해가스와 연기로부터 호흡을 보호한다.

화재진압용 마스크(PBE)

(5) 열 감지기(Smoke Detector)

열 감지기는 화장실과 승무원 휴식 공간에서 특정 온도 이상으로 상승한 열을 감지하여 화재를 조기에 경고하는 장비이다. 이를 통해 화재 상황을 신속하게 인지하고 대응할 수 있다.

열 감지기

(6) 열 감지형 소화기(Heat Activated Halon Extinguisher)

화장실 내 휴지통에 화재가 발생할 경우 자동으로 진압하는 장치이다. 이 소화기는 열 감지 센서가 내장되어 있으며, 섭씨 80도를 감지하면 자동으로 소화제가 분출되어 화재를 진압한다.

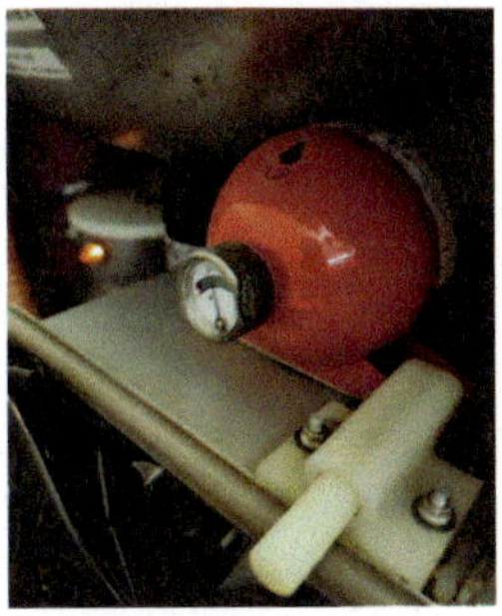

열 감지형 소화기

2) 의료장비

(1) 자동심장충격기(AED, Automated External Defibrillator)

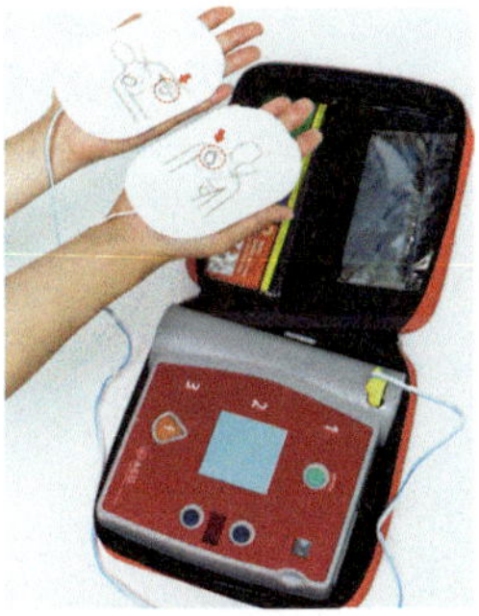

자동심장충격기(AED)

자동심장충격기는 심정지가 발생한 사람에게 전기 충격을 자동으로 전달하여 심장을 다시 정상적인 박동으로 되돌리기 위한 의료장비이다. 심정지 상황에서는 심장의 전기적 신호가 불규칙하거나 멈추어 혈액이 흐르지 않게 되며, AED는 심장 리듬을 자동으로 분석하고, 이를 정상적인 리듬으로 복원하는 데 도움을 준다.

이 장치는 모든 항공기 기종에 탑재되어 있으며, 기내에서 의사나 응급구조사를 비롯한 교육을 받은 사람들이 사용할 수 있다.

AED 사용 조건 및 법적 범위

- 의료인의 범위 : 의사, 치과의사, 한의사, 간호사, 조산사
- 기타 의료인

기내에 의료인이 없을 경우, 기타 의료인(예: 응급구조사 등) 또는 AED 교육을 이수한 객실승무원이 AED를 사용할 수 있다. 객실승무원은 AED 사용 교육을 이수한 후, 비상 의료 통화 시스템 서비스(EMCS, Emergency Medical Call System)의 도움을 받아 적절히 장비를 사용할 수 있다.

(2) 기내용 휠체어(On-board Wheelchair)

기내용 휠체어는 항공기에서 이동이 불편한 승객이 탑승하거나 내릴 때 도움을 줄 수 있는 특수 휠체어이다. 비행기의 승객 중 걷기 어려운 승객, 장애인 또는 노약자를 위해 고안한 것으로 항공사에서는 이 휠체어를 제공하여 승객들이 편리하고 안전하게 비행기를 이용할 수 있도록 지원한다.

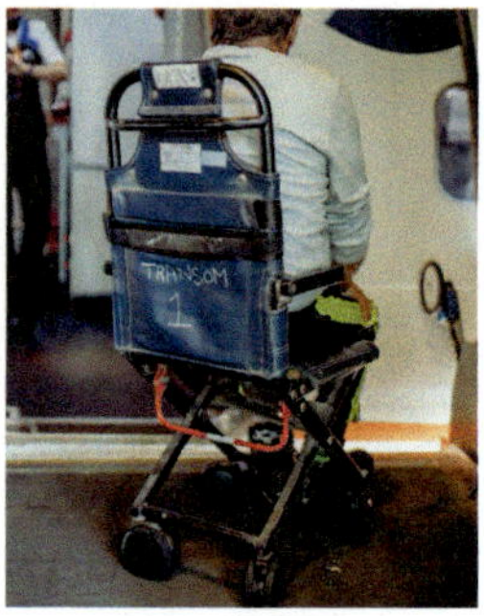
기내용 휠체어

기내용 휠체어(On-board Wheelchair)의 특징

- 소형화 : 기내용 휠체어는 항공기의 좁은 통로를 통과할 수 있도록 설계된 소형 휠체어이다. 일반적인 휠체어보다 더 좁게 만들어져 기내에서 쉽게 이동할 수 있다.
- 경량화 : 비행기 내에서 승객을 이동시키기 위해 휠체어는 가벼운 소재로 제작되어 승무원들이 쉽게 운반할 수 있도록 되어 있다.
- 접이식 : 기내용 휠체어는 접을 수 있는 형태로 설계되어, 필요 시 쉽게 접어서 보관할 수 있다.

(3) 휴대용 산소통(PBE, Portable Oxygen Bottle)

휴대용 산소통은 기내에서 산소 공급이 필요한 승객에게 산소를 공급하는 장비로, 호흡 문제가 있거나 건강상의 이유로 산소가 부족한 승객에게 중요한 역할을 한다. 사용자가 쉽게 호흡할 수 있도록 조절된 양으로 공급하며, 작고 가볍게 제작되어 휴대성이 뛰어나, 이동 중에도 편리하게 사용할 수 있다.

휴대용 산소통(PBE)

(4) 비상 약품 상자(FAK, First Aid Kit)

비상 약품 상자(FAK)는 비상 상황에서 응급처치를 할 수 있도록 다양한 약품과 의료 용품을 갖춘 장비이다. 승무원은 이 상자를 통해 소독제, 밴드, 붕대, 진통제, 소화제, 항히스타민제, 연고 등 기본적인 의료 용품을 사용하여 기내에서 발생할 수 있는 건강 문제에 효율적으로 대응할 수 있다.

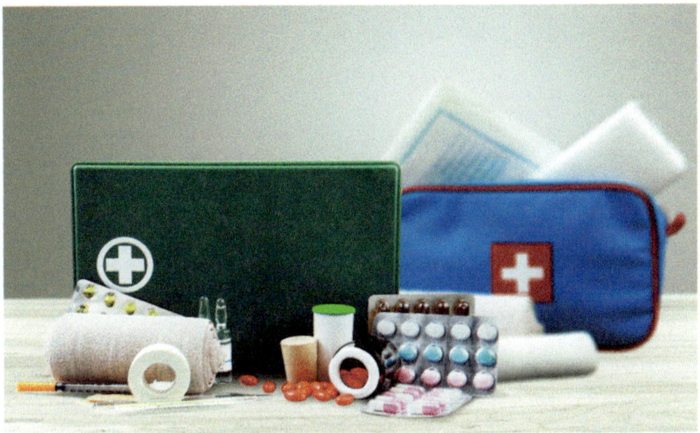

비상 약품 상자(FAK)

(5) 응급 의료 상자(EMK, Emergency Medical Kit)

응급 의료 상자(EMK)는 비상 약품 상자(FAK)와 달리 더욱 전문적인 의료장비와 약물을 포함하고 있으므로, 승무원은 이를 직접 사용할 수 없다. 비상 약품 상자(FAK)는 응급처치 도구와 약물을 포함하여 승무원이 사용할 수 있지만, 응급 의료 상자(EMK)는 심각한 응급 상황에 대비한 약물(예: 아드레날린, 심장 약물)과 의료장비(예: 주사기, 산소 마스크) 등이 포함되어 있다. 승무원이 직접 사용할 수 없으므로, 응급 상황 발생 시 의료인 호출(Doctor Paging)을 통해 적절한 처치를 받도록 해야 한다.

FAK(First Aid Kit)와 EMK(Emergency Medical Kit)의 차이

항목	FAK	EMK
목적	비상 상황에서 기본적인 응급처치 제공	심각한 의료 비상 상황에 대응하기 위한 좀 더 전문적인 응급 의료장비 제공
주요 사용 대상	경미한 상처, 타박상, 구토 등	심장마비, 심각한 출혈, 호흡 관리 등
점검 주기	정기적인 점검 필요	정기적인 점검 필요
사용가능자	승무원 및 의료인	의료인

3) 기타 장비

(1) 구명복(Life Vest)

❶ 승객용 성인 구명복

비상 착수 시 승객을 보호하기 위해 부력을 제공하며, 물에 떠 있을 수 있도록 돕는다. 일반적으로 승객이 착용하기 쉬운 디자인으로 되어 있고, 구조대가 쉽게 식별할 수 있도록 밝은 색상으로 제작된다.

승객용 성인 구명복

❷ 유아용 구명복

유아용 구명복은 일반적으로 1세에서 4세 사이의 유아를 대상으로 사용된다. 어린 승객을 보호하기 위해 부력 설계가 다르게 되어 있으며, 유아의 목을 지지해 머리가 물에 잠기지 않도록 돕는다.

❸ 승무원용 구명복

승무원용 구명복은 승객용 성인 구명복과 내구성이나 부력 성능이 대부분 비슷하지만, 빠른 착용과 비상 상황에서의 즉각적인 대응을 고려해 약간의 차이가 있을 수 있다. 승무원용 구명복은 승객용 구명복의 색상과 다르게 제작하여 승무원을 쉽게 식별할 수 있다.

승무원용 구명복

(2) 비상 탈출 슬라이드 래프트(Escape Door Slide & Raft)

비상 탈출 슬라이드 래프트는 항공기에서 비상 상황 발생 시 승객들이 빠르고 안전하게 탈출할 수 있도록 돕는 탈출장비로, 특히 기내 화재나 긴급 상황에서 신속하게 대비해야 할 때 사용된다. 비상 탈출구가 열리면 자동으로 미끄럼틀(Slide)이 펼쳐져 승객들이 빠르게 지면으로 내려갈 수 있도록 돕는다. 일부 비상 탈출 슬라이드 래프트는 항공기가 물에 착수한 경우, 구명 보트로도 활용할 수 있는 기능이 있다.

비상 탈출 슬라이드 래프트

(3) 확성기(Megaphone)

확성기는 비상 상황에서 승무원이 기내 승객들에게 중요한 정보를 전달하기 위해 사용하는 음향 장비로, 승객들이 신속하게 정보를 받을 수 있도록 돕는다. 비상 상황에서는 승무원이 빠르게 안내를 해야 하지만, 확성기가 없으면 승객들에게 중요한 정보를 전달하기 어려울 수 있다. 이를 통해 승무원

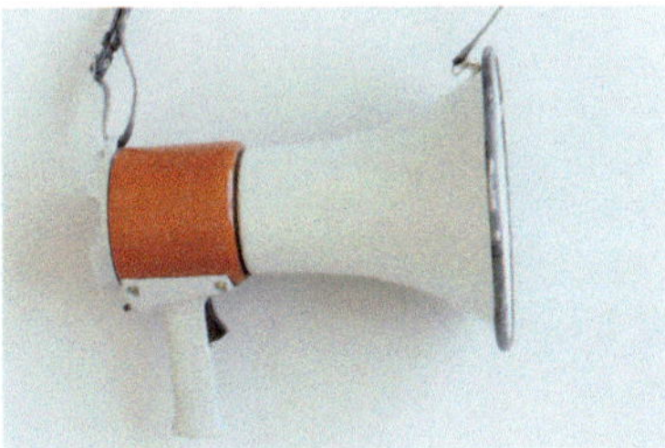

출처 : pexels

확성기

은 모든 승객에게 명확하고 빠르게 정보를 전달하여, 승객들이 혼란스러워지거나 비상 탈출에 차질이 생기지 않도록 돕는 중요한 장비이다.

(4) 손전등(Flashlight)

손전등은 비상 상황에서 승무원이 기내 및 비상 탈출 구역을 비추거나 승객들에게 안내를 제공하는 데 사용되는 중요한 비상 장비로, 전력 공급이 중단되는 경우에도 유용하게 사용된다. 손전등은 승무원 구역인 조종실, 승무원 휴식 공간, 비상 탈출구 근처 등에 비치되어 승무원이 쉽게 접근할 수 있도록 위치한다.

손전등

(5) 비상 위치 전파 발신기(ELT, Emergency Locator Transmitter)

비상 위치 전파 발신기는 항공기가 비상 상황에 처했을 때, 위치 정보를 자동으로 전파하여 구조대가 신속하게 항공기의 위치를 파악할 수 있도록 돕는 장비이다. 항공기의 위치를 정확하게 추적하여 구조 활동을 지원하는 중요한 비상장비이다.

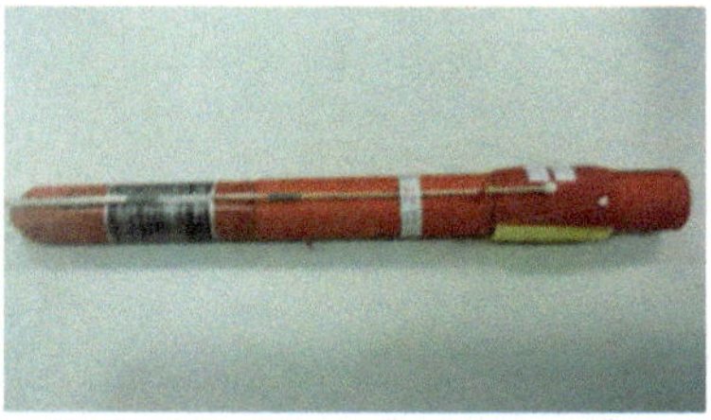

출처 : 저자 소장

비상 위치 전파 발신기(ELT)

(6) 타이랩(Tie-wrap)

타이랩은 플라스틱 형태의 끈으로, 비상 상황에서 위험 인물을 제압하거나 고정하는 데 사용되는 장비이다. 주로 폭력적이거나 공격적인 승객을 통제하기 위해 승무원이

타이랩

손과 발을 묶는 등 물리적으로 제압하는 데 사용된다.

(7) 포승줄

포승줄은 두꺼운 끈이나 로프로, 주로 위험 인물 제압과 비상 상황에서 강력한 통제력을 제공하는 장비이다. 타이랩이 일회성으로 빠르게 사용하는 장비인 반면, 포승줄은 여러 명의 승객을 제압하거나 기내 난동을 일으키는 인물을 제어하는 데 사용된다. 위험 인물의 몸이나 팔, 다리를 묶거나 안전장비를 고정하는 등 다양한 용도로 활용된다.

포승줄

(8) 방폭 매트

방폭 매트는 주로 폭발물이나 강한 압력이 발생할 수 있는 상황에서 기내나 화물 구역에서 폭발물의 충격을 흡수하고 피해를 최소화하는 방폭 장비이다.

(9) 방폭 재킷

폭발물이 있을 가능성이 있는 환경에서 직접적인 피해를 차단하고, 승무원이 위험 요소에 접근할 때 신체를 보호하는 장비이다.

(10) 전자 충격기(Taser)

전자 충격기는 치명적이지 않은 전자기 충격을 이용해 사람을 제압하는 장비로, 폭력적인 상황이나 위험 인물에 안전하게 대응하는 데 사용된다. 이 장비는 물리적으로 제압하면서도 치명적이지 않다. 단기간 동안 마비 상태를 유도해 다른 방법보다 위험을 낮추며, 빠르고 간단하게 사용할 수 있어 긴급 상황에서 승무원들이 효율적으로 대응할 수 있다.

출처 : https://en.wikipedia.org/wiki/Taser

전자 충격기

Challenge Quiz

Q1 국내 대형 항공사에서 보유하고 있는 대형 항공기, 중형 항공기, 소형 항공기의 예시를 각 3개씩 작성하시오.

대형 항공기 -
중형 항공기 -
소형 항공기 -

Q2 항공기 외부 구조에 대한 설명이다. 다음 설명에 해당하는 항공기 구조의 명칭을 우리말 혹은 영어로 적으시오.

이것은 항공기의 이륙과 착륙 시 지면과 접촉하여 비행기를 지지하고, 비행 후 정지를 돕는 중요한 부품이다.

Q3 다음은 승객 좌석 주변에 있는 장치에 대한 설명이다. 다음 설명에 해당하는 명칭을 영어로 적으시오.(약자 사용 가능)

이것은 승객 좌석 상단 천장에 있으며, 금연 신호와 좌석벨트 착용 신호, 독서등, 환풍구, 승객 호출 표시등, 산소마스크 등이 있다.

Q4 항공기 주방(Galley)의 배수구와 관련한 사용 시 주의사항 세 가지를 적으시오.

Q5 의료장비 중 FAK와 EMK의 차이를 설명하시오.

4장

객실승무원의 이해

1 객실승무원의 정의와 히스토리

1) 객실승무원의 정의

객실승무원은 비행기에 탑승한 승객들이 목적지에 도착할 때까지 안전하고 편안한 서비스를 제공하는 중요한 역할을 담당한다. 승객들은 목적지까지 짧게는 1시간에서 길게는 14시간 이상 비행기의 좁은 공간에서 시간을 보내게 되며, 그동안 승무원들이 제공하는 안전하고 쾌적한 서비스를 경험하게 된다. 이러한 모든 순간은 승객들에게 소중한 추억이 되어 항공사에 대한 좋은 인식을 형성하게 된다.

「항공안전법」 제1장 제2조 17항에 따르면, 객실승무원이란 "항공기에 탑승하여 비상시 승객을 탈출시키는 등 승객의 안전을 위한 업무를 수행하는 사람"을 의미한다. 이렇듯 객실승무원은 승객들이 비행기에서 안전하게 목적지에 도착할 수 있도록 안전한 비행을 위한 업무를 수행한다. 영어로는 Flight Attendant, Cabin Crew, Stewardess, Steward 등 다양한 호칭으로 사용되고 있지만, 현대에는 성별을 구별하지 않는 Flight Attendent 혹은 Cabin Crew가 가장 적합한 호칭으로 사용된다.

객실승무원의 안전업무와 서비스업무

객실승무원의 업무는 크게 안전과 서비스로 나눌 수 있다.

안전업무는 비행 중 승객의 안전을 위해 수반되는 업무와 비상 상황 시 신속하고 안전하게 탈출할 수 있도록 돕는 것을 의미한다. 비행 전 항공기의 안전점검을 하고, 비상장비들의 사용법을 숙지하며 승객들의 안전벨트를 확인하고 비상 상황에 대한 대응절차를 숙지하는 것 등이 안전업무에 해당한다.

서비스업무는 승객들이 목적지에 도착할 때까지 편안하고 만족스러운 여행을 할 수 있도록 최상의 서비스를 제공하는 것을 의미한다. 객실승무원은 항공사의 서비스 절차에 따라 승객들에게 음식과 음료를 제공하고, 필요한 정보를 안내하며, 편의 용품을 제공하는 등 다양한 서비스를 수행한다.

이와 같은 업무를 통해 승객들은 더 쾌적하고 만족스러운 여행을 경험할 수 있다. 이처럼 객실승무원은 승객의 안전과 편의를 모두 책임지며, 두 가지 업무가 조화를 이루어 승객들에게 최상의 비행 경험을 제공한다.

여기서 **잠깐!**

객실승무원에게 안전과 서비스 중 무엇이 더 중요할까요?

객실승무원에게 안전과 서비스는 상호보완적인 관계에 있어요.
안전업무는 승객의 생명과 직결되기 때문에 가장 중요해요. 반면 서비스업무는 승객의 여행 경험을 더욱 만족스럽게 만드는 중요한 역할을 하게 되죠. 항공사의 서비스를 통해 승객들은 편안함을 더욱 느끼게 되고 항공사에 대한 긍정적인 인식을 형성하게 돼요.
승객의 안전을 최우선으로 하면서, 편안하고 만족스러운 서비스를 제공하는 것이 바로 객실승무원의 중요한 역할이에요.

2) 객실승무원의 히스토리

현대 여객기에 객실승무원이 탑승하는 것이 당연하게 여겨지지만, 과거에는 운항 승무원만 탑승했다. 과거에는 기내 서비스나 승객 안전 관리를 담당하는 전담 승무원이 없었다.

(1) 최초의 객실승무원은 남승무원

1928년, 독일의 루프트한자는 최초로 남승무원인 '스튜어드(Steward)'를 여객기에 탑승시켰다. 당시 남승무원은 고급 서비스를 제공하고, 승객의 편의와 안전을 도모하는 역할을 맡았다. 유럽에서는 고급 서비스업무를 남성이 맡는 것이 전통이었기 때문에, 여객기 객실 서비스에 남성이 처음으로 탑승한 것은 자연스러운 일이었다.

최초의 승무원

(2) 최초의 여승무원은 간호사 엘런 처치

이후 1930년, 미국의 보잉 항공수송회사(Boeing Air Transport Co.)에서 최초로 여성승무원, 즉 '스튜어디스(Stewardess)'가 여객기에 탑승했다. 미국 아이오와주 출신의 간호사 엘렌 처치는 최초의 여성 객실승무원으로, 원래 조종사로 취업을 희망했지만 거절당한 후 승무원으로 활동하게 되었다. 엘렌 처치의 친절한 서비스는 승객들로부터 많은 찬사를 받았고, 이를 계기로 보잉사는 여성 승무원 제도를 정식으로 도입했다. 그 후 미국의 여러 항공사도 이 제도를 빠르게 받아들였고, 유럽으로 확산하면서 에어프랑스, 스위스항공, KLM, 루프트한자 등에서도 여성 승무원들이 활약하게 되었다.

최초의 여성 승무원 엘런 처치

당시 여성 승무원들은 엄격한 자격요건을 충족해야 했다. 복장은 간호사처럼 흰색 가운과 모자를 착용하였으며, 후에는 군복을 변형한 제복을 입기도 했다. 승무원들은 탑승 수속 업무를 담당하면서, 승객의 몸무게와 수하물의 무게를 측정하고 탑승 절차를 도왔다.

최초 여승무원의 자격

1. 간호사 자격: 승객의 건강과 안전 관리 자격
2. 신체 조건: 162cm이며, 객실이 좁고 천장이 낮은 항공기로 인해 체중이 가벼워야 함
3. 독신 여성: 25세 이하 독신
4. 외모와 태도: 상냥하고 친절한 태도, 깔끔하고 단정한 외모

(3) 대한민국 최초의 승무원

우리나라 최초의 항공사인 대한항공이 1967년에 설립되면서, 대한민국 최초의 여성 승무원이 채용되었다. 당시 대한항공은 정부가 운영하였던 대한항공공

사를 인수한 민간 기업으로서 국제 항공 운송 시장에 진출하기 위해 서비스 개선을 목표로 하였다. 이를 위해 초기 여승무원들은 간호사나 서비스 경험이 있는 여성들로 채용되었다. 철저한 교육과 훈련을 통해서 항공기 기내 서비스와 안전을 책임지게 되었다. 이후 대한항공은 국제 항공 운송 시장에서 성공을 거둘 수 있었고, 항공사 객실승무원이 되기 위한 많은 여성들의 도전이 이어졌다. 초기 여성 승무원들의 노력과 성취는 한국 항공사 역사에서 중요한 전환점이 되었다.

② 객실승무원의 자질과 자격

1) 객실승무원의 자질

항공사 객실승무원은 직업적인 환경과 항공사의 트렌드 변화로 인하여 다양한 자질이 요구되고 있다. 항공사마다 추구하는 방향이 달라 인재상에는 다소 차이가 있지만, 항공사 객실승무원의 직무형태만 보았을 때 요구되는 공통 자질을 8가지로 축약할 수 있다.

대표적인 8가지 자질 중 내가 생각하는 우선순위와 이유를 작성해 보자.

내가 생각하는 객실승무원의 자질 우선순위

대표 자질	순위	이유
투철한 직업 의식		
철저한 안전 의식		
봉사 정신과 서비스 마인드		
원만한 인간관계		
글로벌 매너와 에티켓		
능숙한 외국어 구사 능력		
철저한 자기 관리		
건강한 신체와 체력		

항공여행에 있어서 가장 중요한 것은 승객의 안전이다. 항공사의 객실승무원은 제한된 공간인 비행기 안에서 승객들을 목적지까지 안전하게 이동시키는 중요한 역할을 맡고 있다. 따라서 객실승무원은 승객들의 안전한 여행을 위해 무엇보다도 투철한 직업의식과 안전의식을 가져야 한다. 객실승무원들의 안전의식과 투철한 직업의식은 아무리 강조해도 지나치지 않을 중요한 핵심 역량이 될

것이다. 따라서 객실승무원의 직업에 대한 이해와 역할을 정확히 파악하는 것이 중요하다.

기내라는 한정된 공간에서 승객들은 오랜 시간 비행을 하게 된다. 객실승무원은 승객들이 보다 안전하고 편안하게 즐길 수 있도록 다양한 서비스를 제공한다. 승객들의 상황을 누구보다 더 잘 이해할 수 있어야 하며, 친절하고 상냥하게 소통할 수 있는 능력이 필요하다. 승객들은 비행기에 탑승한 경험이 늘어나고 있으며, 기대감 역시 높아지고 있다. 승무원의 밝고 친절한 표정만으로는 승객들의 기대를 채울 수 없을 것이다. 객실승무원은 비행기를 이용하는 승객들의 관점에서 늘 생각하며, 서비스경영 차원에서 지속적인 고민을 해야 할 것이다.

객실승무원은 비행마다 새로운 승객들을 맞이하게 된다. 먼저 인사를 건네고, 기내서비스를 제공하고, 불편함과 요청사항을 승객의 입장이 되어 해결하는 업무들을 수행하게 된다. 또한, 함께 비행하는 동료들 역시 비행마다 새로운 사람들이 될 것이며, 그들과의 협업을 통해 업무를 수행하게 된다. 다음 비행을 위해 해외 체류 시 많은 시간 함께하게 될 것이며, 그들과의 소소한 감정과 이야기들로 관계를 이어나가게 될 것이다. 이와 같은 직무환경에서 요구되는 것은 원만한 대인관계 능력이다. 이와 같은 능력은 학창시절부터 많은 경험을 통해서 느끼며 보완될 수 있을 것이다.

객실승무원은 직업의 환경으로 인해 다양한 국적의 사람들을 만나게 된다. 업무를 원활하게 하기 위해서는 외국어 능력이 필수적이다. 서비스 절차에 따라 기본적으로 숙지해야 하는 영어표현을 암기하는 것만으로는 승객과의 소통에서 한계가 발생한다. 다양한 국적의 문화 이해를 기반으로 하는 세련된 글로벌 매너를 갖추고, 외국어 구사능력을 높여야 한다.

항공사 객실승무원은 항공사의 얼굴과도 같다. 승객들은 자신이 경험한 승무원을 통해 항공사의 이미지를 형성하고, 서비스의 품질을 평가한다. 승무원이 출퇴근 시나 이동 중에 보여주는 언행은 잠재고객에게 긍정적 또는 부정적인 기억을 남기며, 이는 항공사의 이미지에 영향을 줄 수 있다. 따라서 객실승무원은 언제나 항공사를 대표한다는 마음으로 자신을 잘 관리하고 신중히 행동해야 한다.

내가 생각했던 승무원의 자질에서 새롭게 알게 된 사실이 있다면 작성해 보자.

before	after

2) 객실승무원의 자격

(1) 필수 요건

❶ 건강한 체력

항공사의 객실승무원은 지상보다 기압이 낮은 비행환경 속에서 장시간 서서 일하거나 이동해야 하는 직업적 특징으로 인해 건강한 신체 조건이 필수적이다. 특히, 비상 상황 발생 시 승무원은 신속하게 대응하여 승객들의 안전을 책임져야 하기 때문에 건강한 신체 요건이 중요하다. 또한, 항공기의 좁은 통로와 갤리에서 근무할 때 유연성과 균형감각, 지구력 및 신속한 움직임이 요구되므로, 승무원이 된 후에도 매년 건강 검진을 통해 자신의 건강 상태를 지속적으로 점검하고 관리해야 한다.

❷ 긍정적 이미지

객실승무원은 단정하고 세련된 외모로 자신의 전문성과 자신감을 나타낼 수 있어야 한다. 이는 승객들에게 긍정적인 첫인상을 주고, 항공사의 이미지를 대표하기 때문이다. 따라서 외적 관리는 매우 중요하며, 개인의 신체 상태가 손상되어 타인에게 불쾌감을 줄 수 있는 경우, 회복 시까지 비행 자격이 정지될 수 있다.

❸ 외국어 구사 능력

더불어, 객실승무원은 다양한 국적의 승객들과 원활하게 소통하기 위해 영어를 반드시 구사할 수 있어야 하며, 영어 외에도 중국어, 일본어 등의 추가 외국어 능력이 있으면 업무에 큰 도움이 된다. 승무원으로 입사한 후에도 지속적으로 외국어 능력을 향상시키기 위해 노력해야 하며, TOEIC과 TOEFL 점수는 진급에 중요한 요소로 작용한다. 이처럼 객실승무원의 신체 조건과 외적 관리는 업무의 효율성과 승객 서비스의 질을 높이는 데 중요한 역할을 한다.

(2) 교육 이수

항공사의 객실승무원으로 입사한 신입승무원은 교육훈련 프로그램을 이수해야 한다. 안전 교육에서는 비상시 사용되는 각종 장비와 화재 대처 방법, 비상 탈출 및 비상 착수에 대비한 수영 실습, 기내 환자 응급 처치와 관련된 교육을 실시한다. 서비스 교육에서는 기본 자세와 서비스 마인드, 식음료 서비스와 관련된 내용이 주를 이룬다. 각 과목의 시험을 통과하지 못하면 객실승무원 자격을 이수할 수 없다.

신입승무원 자격을 이수한 후, 일반적으로 국내선과 이코노미 클래스에서 근무한 뒤 일정 기간이 지나면 상위 클래스의 근무 자격을 위한 교육훈련을 이수한다. 상위 클래스는 비즈니스 클래스 이상을 의미하며, 서비스 아이템과 서비스 방법이 달라 보다 세심한 서비스를 제공하는 것에 중점을 둔다. 상위 클래스 서비스 실무와 실습, 상위 클래스 고객을 대상으로 한 상황별 고객 응대법, 상위 클래스 종합 실습과 평가 등으로 구성된다. 이 밖에 객실승무원은 직급과 근무 연한에 따라 항공사의 교육체계에 의해 소정의 교육과정을 이수하고 심사에 합격해야 자격이 부여된다.

3 객실승무원의 직급체계와 역할

1) 객실승무원의 직급체계

항공사의 객실승무원은 고유의 직급체계를 가지고 있으며, 항공사에 따라 직급에 대한 호칭은 약간의 차이가 있다. 비행 시에는 객실승무원의 직급과 직책에 따라 역할을 담당하게 된다. 각 직급은 통상 3~4년 정도의 시간을 두고 이루어지지만, 개인별 업무평가에 따라 철저하게 승격이 이루어지며 진급 시 업무의 종류, 업무의 난이도, 책임감이 달라진다. 승격을 위해서는 직급에서 요구되는 각종 교육을 이수해야 하며, 외국어 자격 및 방송 자격을 획득해야 한다. 비행업무의 특성상 엄격한 비행시간 관리는 필수이며, 자신의 건강관리를 잘 하지 못하여 비행업무에 지장을 준다면 이 또한 승격을 위한 부적합 사항이 될 수 있다.

객실승무원의 직급체계

일반직 직급	객실승무원 직급	영문 직급	영문코드
부장	수석사무장	Chief Purser	CP
차장	선임사무장	Senior Purser	SP
과장	사무장	Purser	PS
대리	부사무장	Assistant Purser	AP
인턴, 사원	인턴승무원, 승무원	Flight Attendant	FA

2) 항공사의 직급체계

대한항공의 경우 인턴승무원으로 입사하여 2년간의 업무 후 전환 심사를 거쳐서 정규직 승무원이 된다. 정규직 객실승무원으로 일정 기간 비행을 마친 후 자격 심사를 거쳐 부사무장으로 승격하게 되고, 그 후 일정 근무 기간이 지나면 다음 직급으로 승격할 수 있는 자격이 순차적으로 부여된다. 하지만 다음 직책으로 승격할 수 있는 자격이 주어지더라도, 자격요건을 충분히 갖추었는지 항공사 평가 기준의 심사를 통해 승격된다.

3) 객실승무원의 직책별 역할

객실승무원은 매 비행 스케줄에 따라 직책과 임무가 다르게 정해진다. 따라서 객실승무원의 직급이 있지만, 해당 비행기에서 수행하게 되는 직책이 다를 수 있다. 또한, 같은 직급을 가진 승무원이라 할지라도 해당 비행별 맡게 되는 직책이 다를 수 있다. 객실승무원은 매 비행 전 나의 직책을 반드시 확인하여, 해당 비행기에서의 역할을 파악하고 준비해야 한다. 다음에서는 직급별 역할이 아닌 해당 비행에서의 직책별 역할을 살펴보겠다.

여기서 **잠깐!**

직급과 직책은 어떻게 다른가요?

직급(Rank) - 서열의 의미

항공사의 직급은 조직 내에서의 위치나 계급을 의미해요. 일반적인 회사 구조 내의 서열을 의미하고, 승진 및 보상과 관련돼요. 일반승무원이 승진 연한이 되어 승급심사를 받고 통과하게 되면 다음 직급인 부사무장으로 진급하게 되지요.

직책(Position/Role) - 역할의 의미

직책은 특정 직무나 역할 수행을 의미해요. 객실승무원은 매번 다른 비행에서 구성된 조직원에 따라 맡게 되는 역할과 책임이 달라요. 예를 들어, 나의 직급은 부사무장(AP)인데 오늘 비행기에의 직책은 국내선 사무장의 역할을 할 수 있어요. 부여된 직책에 따라 각자의 고유한 업무와 책임을 지게 돼요.

따라서, 직급은 항공사 내의 나의 위치와 서열을 나타내며, 직책은 그 위치에서 수행해야 하는 역할을 의미해요. 다시 말해 한 승무원이 여러 직급을 거치면서, 같은 직책을 수행할 수 있으며, 같은 직급에서 여러 직책을 수행할 수도 있어요.

(1) 객실사무장

객실사무장은 해당 비행편 객실의 책임자 역할을 한다. 객실의 안전과 서비스에 관련된 제반사항과 객실승무원의 관리 및 평가를 하게 되며 항공사 객실 서비스의 올바른 목표를 이루어낼 수 있는 판단능력을 갖추어야 한다.

- 해당 비행편 승무원의 업무 배정
- 객실 브리핑을 주관
- 기내 서비스의 진행 관리
- 항공기 출입항과 관련 서류 관리
- 비행 중 발생하는 예상치 못한 상황의 해결 및 보고
- 추가적인 지원이나 배려가 필요한 승객의 응대
- 운항 승무원, 정비사 및 운송직원과의 의사소통
- 해외 체류 시 승무원 관리 및 해외 지사 업무 연계

(2) 부사무장

부사무장은 객실사무장이 업무를 수행할 수 없을 때 업무를 대행하는 역할을 맡는다. 따라서 객실사무장의 업무를 철저히 파악하고 있어야 하며, 객실승무원들을 관리하고 책임질 수 있는 실무적 판단능력을 갖추어야 한다.

- 객실사무장의 업무 보좌
- 객실사무장 업무 수행 불가 시 업무 대행
- 일반석 서비스 총괄
- 기내 서비스 용품 탑재 확인
- 수습 승무원 지도 및 평가
- 기내 면세품 판매의 업무 지원

(3) 객실승무원

해당 비행기에서 배정받은 역할에 따라 업무를 수행하며, 구체적인 업무는 업

무 규정에 따라 실시한다. 일반 객실승무원이라도 국내선 자격, 기종별 자격, 클래스별 자격, 방송 자격 등이 다르기 때문에 각자 다른 업무를 배정받을 수 있으나, 공통된 업무는 다음과 같다.

- 배정된 담당 구역의 서비스와 안전업무 준수
- 동료 승무원과의 업무 협조
- 배정된 담당 구역의 승객 지원 업무 수행
- 기내방송 담당자의 역할을 부여받은 승무원은 매뉴얼에 따라 기내방송 시행
- 현지승무원(Regional Stewardess)은 일반적인 객실승무원 업무 외 현지승객의 의사소통과 비행 중 자국어 기내방송을 시행

Duty Assignment

항공사의 승무원은 매 비행 시 역할을 부여받는데 이를 "Duty Assignment"라고 한다.
항공사의 승무원은 국제적인 환경 속에서 소통해야 하므로 업무와 관련된 용어들이 영어로 표현되는 경우가 많다.
예) 불규칙한 상황=> Irregular, 담당 구역=> Zone, 탑승=> Boarding 등

4) 지휘체계와 책임

항공기에 탑승하는 승무원에는 운항승무원(Cockpit Crew)과 객실승무원(Cabin Crew)이 있다. 운항승무원은 항공기의 안전운항에 관련한 책임이 있으며, 객실승무원은 승객들의 객실 내 안전과 서비스에 대한 책임을 지고 있다. 운항승무원과 객실승무원은 같은 비행기에 탑승하지만, 다른 업무에 책임을 지고 있다. 같은 항공사에 근무하지만, 소속과 업무가 다르기에 비행 중 발생하게 되는 상황에

대한 이해가 부족할 수 있다. 항공기에 탑승한 승객들에게 안전한 비행과 편안한 서비스를 제공하기 위해서는 각각의 역할을 이해하고 인정할 때 비로소 원활한 지휘체계를 가지게 된다.

통상적으로 정상적인 상황의 지휘체계는 서열을 의미하며, 비행 중 발생한 비정상정인 상황에는 지휘체계를 반드시 준수하여 처리해야 한다. 비행에서 가장 높은 지휘체계는 기장에게 있으며, 기장의 임무가 불능한 상황에 있을 땐 부기장 → 객실사무장 → 객실부사무장 → 객실승무원의 순서로 지휘권이 승계된다. 객실의 지휘체계는 상위 직책이 우선이 된다.

보고체계는 지휘체계와 반대의 순서로 이루어진다. 객실승무원 → 부사무장 → 객실사무장 → 부기장 → 기장의 순서로 보고하도록 규정되어 있다.

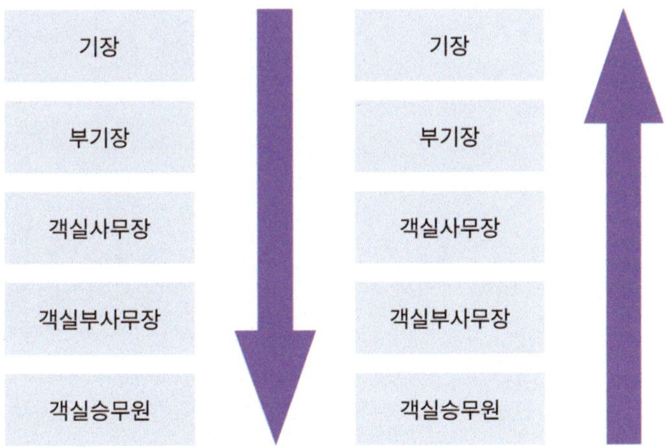

지휘체계 vs 보고체계

여기서 **잠깐!**

만약 규정에 어긋난 불합리한 지시는 어떡하죠?

이때는 그 이유와 함께 사무장이나 소속 부서장에게 수정 제안을 요청할 수 있어요.
하지만 정당한 상황에서 지시한 내용을 수행하지 않으면 객실사무장은 해당 부서장에게 보고하여 징계를 줄 수 있어요.

안전운항을 위한 지휘체계에 의해서 각 직급과 직책에 따라 다음과 같은 권한을 가진다.

- **기장은 안전운항에 책임을 진다.**

항공여행을 위해 가장 중요한 안전운항과 관련한 총 책임은 기장에게 있으며, 이러한 책임을 수행하기 위해 객실승무원의 지휘 감독권 역시 기장에게 있다. 기장의 지휘권한은 운항 브리핑부터 비행 종료 후 항공기에서 하기 후 해산하는 시점까지 있다.

- **객실승무원은 기장의 명령을 존중해야 한다.**

객실승무원은 보고와 지휘체계에 의해 기장의 명령을 존중해야 한다. 하지만 기장의 명령이 규정과 불일치하다고 파악할 경우 기장에게 시정요구를 할 수 있다. 그런데도 지속적인 명령이 이어질 경우, 수행 후 객실사무장은 해당 사항을 회사에 보고하도록 한다.

- **항공기 안전운항에 대한 책임은 기장에게 있으나, 객실 서비스에 관련한 책임은 객실사무장에게 있다.**

항공기 안전운항과 관련한 제반 사항은 기장이 책임을 지고 지휘하지만, 객실 내 승객에게 제공하는 서비스의 제반 사항, 해외 체류 시 승무원에게 발생하는 사항은 객실사무장에게 책임이 있다.

4 객실승무원의 근무 규정

1) 일반 규정

(1) 개인정보 회사 등록

객실승무원은 자신의 실거주 주소와 전화번호를 회사에 등록해야 하며, 변경 시 회사에 반드시 변경 등록을 해야 한다.

(2) 회사의 공지사항 확인

객실승무원은 항상 회사의 주된 공지사항들을 확인해야 하고, 해당 사항을 숙지하고 이행해야 한다.

(3) 개인 서신과 물품 운반 불가

객실승무원은 회사 공문서 이외의 개인적인 서신이나 물품을 임의적으로 운반해서는 안 된다. 또한 허가되지 않은 회사의 물품을 개인적 목적을 위해 임의적으로 사용하면 안 된다. 또한 회사의 공식적인 승인 없이 회사의 재산을 반출해서는 안 된다.

(4) 비행 전 금지사항

객실승무원은 해당 비행 출발 24시간 전 스쿠버 다이빙을 하면 안 되며, 비행 전 수혈을 금지하며, 비상시 수혈했을 경우 72시간 이내에 비행을 하면 안 된다. 또한 할당된 비행 전 12시간 이내에 알코올을 섭취하면 안 된다.

2) 해외 체제 시 규정

(1) 해외 숙소 이탈 금지 및 숙소 귀환 시간 준수

해외 체류 시 지정된 숙소 이외에 허가 없이 숙박을 해서는 안 되며, 장시간 외출 시에는 사무장에게 보고하고 허가를 득한다.

(2) 도박 금지

객실승무원은 해외 체류 시 어떤 형태로도 도박의 행위를 금한다.

(3) 풍기문란 행위 금지

객실승무원은 해외에서 이성과의 풍기문란 행위로 인해 회사의 이미지를 손상시켜서는 안 된다.

(4) 호텔 규칙 준수

체류 호텔의 정해진 규칙을 준수해야 한다. 일반적으로 호텔 룸에서는 취사가 금지되어 있고, 다른 손님들에게 불편을 끼치는 행위를 금해야 한다. 객실 내에서 담배를 피우거나, 카펫을 손상시키는 행위를 금한다.

3) 근무 규정

객실승무원의 근무는 회사의 업무에 종사하는 시간을 의미하며, 근로와 같은 개념이다. 브리핑과 휴게시간을 제외한 실제로 일하는 시간을 의미한다. 비행근무란 비행임무를 위해 회사에 출근하여 임무가 종료된 시각을 의미한다. 객실승무원은 매달 부여되는 스케줄 표에 의해 근무가 이루어지며, 스케줄 표에 부여된 근무를 사전 승인 없이 이행하지 않을 시 징계를 받게 된다. 또한 승무원 간에 임의로 근무일정을 바꿀 수 없다. 객실승무원으로서 일하는 시간은 다음과 같이 구분할 수 있다.

근무 > 비행업무 > 비행시간

근무	회사의 업무에 종사하는 시간을 의미, 근로와 같은 개념
비행업무	비행임무를 위해 회사에 출근하여 임무가 종료된 시각 의미
비행시간	항공기가 최초로 움직이기 시작한 시각부터 완전히 멈출 때까지의 시각을 산출

(1) 승무(On Duty Flight)

비행 업무를 위해 항공기에 탑승해서 비행업무를 수행하는 것을 승무라고 한다. 객실승무원의 비행시간은 항공기가 움직이기 시작한 시간부터 완전히 멈출 때까지의 시간의 의미한다. 다시 말해, 항공기에 승객의 탑승이 완료되고 탑승구에서 활주로까지 이동하기 위해 최초로 추진하는 push back을 하는 시점부터, 도착지에 안전하게 착륙하여 항공기의 엔진이 정지하는 시간까지가 비행시간으로 산정된다. 비행시간은 객실승무원의 근무시간을 산정하는 기준이 된다.

(2) 편승비행(Extra Flight)

편승비행이란, 승무원이 다음 승무를 위해서 혹은 승무를 마치고 할당된 업무 없이 자사 혹은 타사의 항공편을 이용하여 이동하는 것을 의미한다. 이때 일반적으로 항공기의 비상구 좌석에 앉게 되며 서비스나 안전업무 없이 승객과 같이 앉아서 이동하는 것을 의미한다. 편승비행 유형 중 하나인 ferry flight는 승객을 태우지 않고 항공기를 이동시키는 비행으로 승객이 없으므로 승무원의 임무 또한 없게 된다.

(3) 공항대기(Stand By)

항공기 객실승무원의 결원 발생 시 이를 충원하기 위해 지정된 장소에서 대기하는 업무를 의미한다. 공항대기, 자택대기 등으로 구분한다. 지정된 장소에 따른 대기는 대기시간대에 따라 다시 구분되며, 해당 시간에 대기 후 결원의 충원이 없을 경우 대기시간 종료 후 근무가 종료된다. 반대로 대기 시 충원요청이 있을 경우, 해당 비행업무를 수행해야 한다.

(4) 지상근무

비행업무 외에 객실 관련 업무를 위해 사무실에서 근무하는 것을 지상근무라 한다. 일반적으로 객실승무원의 지원업무를 수행한다.

(5) Crew Rest

국제선 장거리의 비행 동안 승무원의 피로를 관리하고 비행의 안정성을 유지하기 위해 제공되는 휴식시간을 의미한다.

(6) 교육 훈련

안전교육, 직급별 교육 등 직무와 관련된 교육과 훈련을 받는 것 역시 근무에 해당한다.

여기서 **잠깐!**

항공기가 후진을 한다고요?

항공기는 자체 후진을 할 수 있는 기능이 없어요. 항공기가 후진하는 것을 보았다면 Push back을 본 거예요. Push back은 탑승구에서 활주로까지 이동하기 위해 후진하는 과정을 의미하는데, Push back 트랙터라는 지상 장비를 사용하여 수행하게 돼요.

Challenge Quiz

Q1 객실승무원의 직급체계를 설명해 보세요.

Q2 객실승무원의 근무형태를 설명해 보세요.

Q3 객실승무원의 지휘체계를 작성해 보세요.

AIRLINE
CABIN SERVICES

5장

객실승무원의 업무절차

① 탑승 전

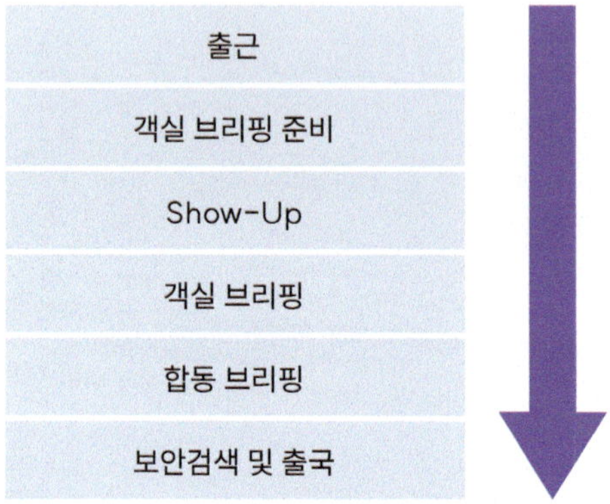

1) 출근

객실승무원은 한 달 전에 부여받은 스케줄에 따라 출근한다. 스케줄에는 최소 8일의 휴일을 포함하여 국내선과 국제선 노선이 정해져 있다. 비행 스케줄은 승객 예약 및 여러 상황에 따라 수시로 변경될 수 있다. 출근을 위한 준비 사항은 다음과 같다.

- 유니폼의 청결 및 다림질 상태
- 비행에 적합한 화장 및 헤어
- 여권, 비자
- ID CARD(신분증)
- 비행에 필요한 서류

2) 객실 브리핑 준비

객실 브리핑은 해당 비행을 함께할 승무원들이 한 공간에 모여, 비행 중 필요한 업무와 안전 절차 등을 공유하는 중요한 시간이다. 이 브리핑을 통해 승무원들은 할당된 업무를 확인하고, 비행에 필요한 서비스와 안전 절차, 특이 사항, 비정상 상황 시 대응 절차 등을 숙지한다.

객실 브리핑에 앞서, 승무원은 비행에 대한 준비를 철저히 해야 한다. 브리핑 전 준비 사항은 다음과 같다.

- 해당 기종 및 특성
- 항공기 장비 및 시스템
- 비상사태 처리 절차
- Door 작동법
- 객실 설비
- 기내 서비스 절차
- 업무지시 및 공지, 최근 불만 및 칭송 사항
- 목적지 정보(입국서류, 검역절차, 면세기준, 해당 국가 보안규정, 공항정보, 시차 등)

여기서 **잠깐!**

승무원 업무는 어떻게 확인할 수 있을까요?

객실사무장은 승무원 명단을 확인하고 아래의 표와 같이 업무를 할당해 줘요.

Duty Assignment : Duty Purser					/ Duty Purser Confirmed									
DUTY	RANK	TEAM	NAME	J/S	DUTY	RANK	TEAM	NAME	J/S	DUTY	RANK	TEAM	NAME	J/S
FAL				L1	FAG				R1	FAR				R1
CBL				L2	CBG				R2	CBR				R2
YCL				L3	YCG				L2	YCR				R3
YDL				L4	YDG				L4	YDR				R4

Announcement	FAG	Ann. Monitoring	Duty Purser
In-flight Sales	YDG	Taser	YCG, FAL

<업무 용어 설명>

F : 일등석, C : 비즈니스석, Y : 이코노미석
A : A구역, B : B구역, C : C구역, D : D구역
G : 주방(갤리)
L : L side(왼편), R : R side(오른편)
J/S : Jumpseat
Announcement : 방송 담당 승무원
Ann. Monitoring : 방송 모니터링 승무원
In-flight Sales : 면세품 담당 승무원
Taser : 테이저 담당 승무원

그렇다면, 위의 업무 표를 보고 YDG 업무에 대해 설명해 볼까요?
YDG는 이코노미, D구역 주방(Galley) 담당이며, Jumpseat은 L4(왼쪽 4번째 비상구)예요. 또한, 면세품 담당 승무원이기도 해요.

3) 출근 체크(Show-Up)

Show-Up은 객실승무원이 회사에 출근한 후, 비행에 대한 준비를 마친 뒤 Show-Up List에 서명하거나 시스템에 입력하는 절차 즉, 출근 체크를 의미한다. 이 절차는 승무원이 비행 출발 준비를 모두 완료했음을 공식적으로 기록하는 것이다.

Show-Up 시간은 항공사와 비행시간에 따라 다르게 설정된다. 각 항공사는 승무원의 비행 스케줄에 맞춰 Show-Up 시간을 정하며, 승무원은 해당 시간에

맞춰서 출근해야 한다.

4) 객실 브리핑

객실 브리핑

객실승무원은 비행 준비를 마친 후, 정해진 시간과 장소에서 객실사무장이 주관하는 브리핑에 참석해야 한다. 브리핑은 항공편에 따라 다르게 진행될 수 있으며, 일반적으로 다음과 같은 장소에서 이루어진다.

브리핑 장소

- 항공사 내부에서 제공하는 브리핑 장소
- 공항 탑승구 근처
- 비행기 내 객실 전방

브리핑에서는 객실사무장이 주관하여 비행에 필요한 기본 정보를 공유하고, 맡은 역할을 다시 확인한다. 객실 브리핑은 비행의 안전성과 승객 서비스의 질을 높이는 데 중요한 역할을 한다. 각 항목을 점검하고 준비함으로써 승무원은 비행 중 발생할 수 있는 다양한 상황에 잘 대처할 수 있으며, 승객들에게 안전하고 편안한 비행을 제공할 수 있다. 브리핑 내용은 다음과 같다.

브리핑 내용

- 인원 및 업무 확인
- 용모 및 복장 확인
- 스트레칭
- 필수 휴대품 소지 여부 확인
- 비행 정보 확인(출/도착 시간, 항공기 종류, 기내 판매 관련 사항 등)
- 안전 정보(항공기 설비, 비상 상황 발생 시 대응 절차, 비상구, 안전장비)
- 기내 서비스와 절차
- 목적지 정보(세관, 이민, 검역 관련)

대한항공 객실 브리핑 시간 및 장소의 예시

구분	국내선			국제선		
	인천	김포, 부산	기타 지역	인천	김포, 부산	기타 지역
시간	1시간 30분 전	1시간 10분 전	1시간 전	1시간 45분 전	1시간 40분 전	1시간 10분 전
장소	객실 브리핑실		객실 전방	객실 브리핑실		객실 전방

5) 합동 브리핑

합동 브리핑

합동 브리핑은 객실승무원과 기장, 부기장이 비행에 필요한 정보를 공유하고, 비행 중 발생할 수 있는 다양한 상황에 대한 대응 절차를 점검하는 과정이다. 합동 브리핑에서는 객실과 조종실이 각자의 맡은 역할을 명확히 하고, 비행 중 예상되는 다양한 상황에 대해 함께 논의해서 비행의 안전성을 높이고 승객 서비스를 원활히 진행하도록 돕는다. 합동 브리핑의 내용은 다음과 같다.

합동 브리핑의 내용

- 비행 경로와 목적지 정보
- 기상 정보
- 특이 사항
- 비상 상황 대응 절차
- 조종실 출입 절차

6) 보안 검색 및 출국

보안 검색 및 항공기로 이동하는 모습

합동 브리핑이 끝난 후, 객실승무원과 운항승무원은 공항 청사로 함께 이동한다. 이후 승무원 전용 출입문을 통해 보안 검색을 받는다. 이 절차는 승객들과 동일하게 엑스레이 검색을 통해 승무원의 휴대 수하물을 확인하는 과정이다. 비행편에 배정된 승무원의 명단은 회사에서 법무부에 통보되므로, 승무원들은 소지하고 있는 ID 카드로 자동 출입국 심사대를 거칠 수 있다. 이를 통해 승무원들은 빠르고 원활하게 출국 절차를 마칠 수 있다.

② 이륙 전

- 항공기 탑승
- 기내 비상장비 및 보안 점검
- 객실 설비 및 시스템 점검
- 서비스 물품 체크 및 준비
- 승객 탑승 및 환영 인사
- 승객 좌석 안내 및 수하물 정리
- 비상구 좌석 브리핑(Briefing)
- 승객 탑승 완료 및 서류 수령
- 항공기 Door Close & Safety Check
- 환영 방송 및 인사
- 안전 시연(Safety Demonstration)
- 승무원 착석 및 이륙

1) 항공기 탑승

항공기 탑승 후, 담당 좌석(Jumpseat) 주변에 개인 짐을 보관한다. 비행에 필요한 물건(앞치마 등)을 꺼내고 필요시 기내화로 갈아 신는다.

객실승무원 짐 보관 장소

- 오버헤드 빈(Overhead Bin)
- 갤리(Galley) 주변 컴파트먼트(Compartment)
- 승객 좌석 뒤 리스트레인트 바(Restraint Bar)가 있는 곳
- 코트룸(Coatroom)

오버헤드 빈(Overhead Bin)

갤리 주변 컴파트먼트(Compartment)

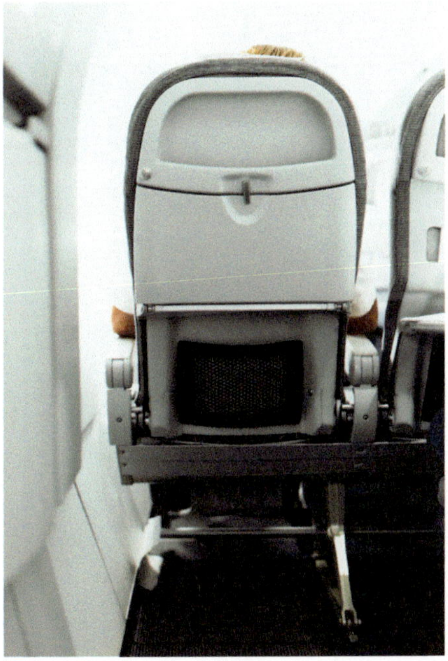

승객 좌석 뒤 리스트레인트 바(Restraint Bar)가 있는 곳

2) 기내 비상장비 및 보안 점검

(1) 비상장비 점검

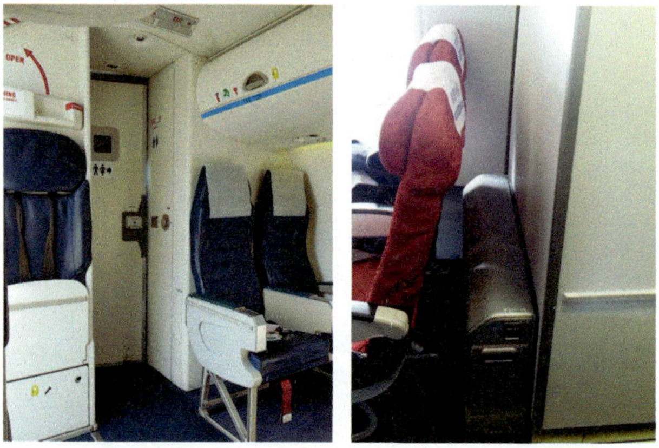

출처 : 저자 소장

승무원 좌석(Jumpseat) 주변 비상장비

기내화를 갈아 신은 객실승무원은 객실사무장의 방송에 따라 자신의 좌석(Jumpseat) 주변을 시작으로 맡고 있는 구역(Zone)의 비상장비 점검을 실시한다. 기내 비상장비 점검은 비행 중 예상치 못한 비상 상황에 대비해 승무원들이 필수적으로 해야 하는 중요한 절차이다. 이 점검은 승객들의 안전을 보장하고, 비상시 장비가 제대로 작동할 수 있도록 하기 위해 진행된다. 비상장비 점검의 주요 항목은 다음과 같다.

❶ 화재 진압장비 점검

비행기에는 화재가 발생했을 때 사용할 수 있는 장비(소화기, 석면장갑, 화재 진압용 마스크 등)가 여러 곳에 비치되어 있다. 승무원들은 이 장비들이 제자리에 잘 놓여 있고, 사용 가능한 상태인지를 점검한다.

❷ 의료장비 점검

기내에서 긴급 의료 상황이 발생할 수 있으므로, 의료 키트에는 응급처치에 필요한 약품, 기구 등이 들어 있다. 승무원은 이 장비들이 잘 준비되어 있는지, 사용 여부를 확인한다.

❸ 안전장비 점검

좌석벨트, 구명복, 산소 마스크 등 비상 상황에서 승객들이 안전하게 대처할 수 있도록 돕는 장비들이다. 승무원은 이러한 장비들이 손상되지 않았는지 정위치에 잘 있는지 확인한다.

❹ 비상 탈출장비 점검

비행기가 비상 착륙을 할 때 승객들이 빠르게 탈출할 수 있도록 돕는 장비들이다. 비상문, 손전등, 확성기 등이 이에 해당한다.

이 모든 점검은 승무원들이 자신이 맡고 있는 구역에 있는 비상장비를 확인하고, 비상 상황에서 바로 사용할 수 있도록 하는 데 초점을 맞추고 있다.

(2) 보안 점검

보안 점검하는 객실승무원

비상장비 점검이 끝나면 객실사무장의 방송에 맞춰 보안 점검을 실시한다. 보안 점검은 비행기 내에서 승객과 승무원의 안전을 보장하기 위해 진행되는 여러 가지 점검 절차이다. 비행 중 발생할 수 있는 모든 보안 위협을 미리 예방하고, 이상 징후가 있는지 확인하는 과정이다. 주요 항목은 다음과 같다.

객실 내 위험물 점검

기내 보안 점검의 핵심 중 하나는 위험물이 기내에 반입되지 않았는지 확인하는 것이다. 객실승무원은 자신이 맡고 있는 구역에 위험물이 없는지 확인한다.

- 승객 좌석 주변, 오버헤드 빈 내부
- 화장실 내 모든 보관장소
- 주방(Galley) 내 모든 보관장소
- 승무원 휴식 공간(Crew Rest Area) 내 모든 보관장소
- 모든 보관장소(코트룸 등)

3) 객실 설비 및 시스템 점검

객실 시스템 및 체크

지상에서 객실승무원이 객실 설비 및 시스템 점검을 하는 것은 비행 중 승객들의 안전과 편안함을 보장하기 위해 매우 중요한 절차이다. 승무원들은 비행이 시작되기 전에 기내 설비와 시스템들이 제대로 작동하는지 확인하고, 문제가 있으면 즉시 조치를 취한다. 기내 설비 및 시스템 점검을 객실사무장, 객실(Aisle) 담당 승무원, 주방(Galley) 담당 승무원의 역할로 나누어 정리하면 다음과 같다.

(1) 객실사무장의 역할

객실사무장은 기내에서 전체적인 안전 관리와 운영 절차를 책임지고, 다른 승무원들이 맡은 작업들이 제대로 이루어지도록 조정한다. 객실사무장의 역할은 다음과 같다.

❶ 안전 안내 영상 점검

승객들에게 비상 상황에 대한 안내를 하는 안전 데모 영상이 정상적으로 상영되는지 확인한다. 승객들이 영상 내용을 잘 볼 수 있고 잘 들리도록 좌석과 기내를 점검한다.

❷ 시스템 점검

조명 시스템, 승객 호출 버튼 등 승객들이 편안하게 비행할 수 있도록 하는 각종 시스템이 제대로 작동되는지 확인한다.

❸ 전반적인 점검 관리

기내 전체의 설비와 시스템이 정상적으로 작동하는지 점검하고, 문제가 있을 경우 즉시 처리할 수 있도록 조치를 취한다.

❹ 방송 관리

방송 담당 승무원의 점검 방송을 통해 방송의 음향 상태를 확인한다.

(2) 객실(Aisle) 담당 승무원의 역할

객실(Aisle) 담당 승무원은 승객들과 직접적으로 소통하며 비행 중 승객들의 안전과 편의를 책임지는 역할을 한다. 객실승무원의 주요 역할은 다음과 같다.

❶ 좌석 점검

각 좌석, 좌석벨트, 팔걸이, 트레이 테이블(Tray Table), 발받침대가 정상적으로 작동하는지 점검한다.

❷ 화장실 점검

화장실의 청결 상태와 변기 물 내림 기능이 잘 작동하는지 확인한다.

❸ 청결 상태 확인

기내의 청결 상태를 점검하며, 좌석, 통로, 화장실 등을 확인한다.

(3) 주방(Galley) 담당 승무원의 역할

주방(Galley) 담당 승무원은 기내 주방 구역을 담당하며, 음식과 음료의 준비와 관련된 모든 설비를 점검한다. 주요 역할은 다음과 같다.

❶ 주방 설비 점검

오븐, 커피 머신, 냉장고, 물 끓이는 기계(Water Boiler) 등 기내 주방 장비들이 제대로 작동하는지 확인한다.

❷ 청결 상태 확인

주방(Galley) 구역이 청결한지 확인한다.

4) 서비스 물품 체크 및 준비

비상장비와 보안 점검이 끝나면, 각 승무원은 승객의 탑승 시작 전까지 자신의 역할에 맞는 서비스 준비를 시작한다. 서비스에 필요한 물품을 각 승무원들이 역할을 나누어 확인한다. 예를 들어, 식음료, 서비스 물품들이 충분히 준비되었는지 확인한다. 필요한 물품이 부족하거나 문제가 있으면 객실사무장에게 즉시 보고하여 해결한다. 역할별 지상 서비스 준비 업무는 다음과 같다.

(1) 객실(Aisle) 담당 승무원의 업무

음료 칠링한 모습

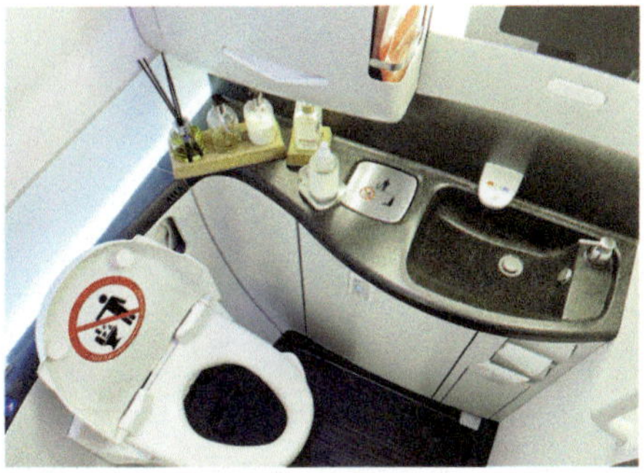

화장실 용품 세팅한 모습

❶ 서비스 물품 세팅

신문, 화장실 용품 등 서비스 물품을 세팅한다.

❷ **음료 차갑게 하기(Chilling)**

음료를 시원하게 제공하기 위해 드라이 아이스와 얼음, 냉장고를 이용해 음료를 시원하게 만든다.

(2) 주방(Galley) 담당 승무원의 업무

❶ **기내식 수량 체크**

승객 수에 맞게 기내식이 준비되어 있는지 점검한다.

❷ **기내식 랜덤 체크**

기내식을 무작위로 확인하여 기내식이 올바르게 잘 실렸는지와 유통기한을 확인한다. 예) 식기류, 고추장, 버터, 유제품 등 확인

(3) 면세품 담당 승무원의 업무

Carry-on Box에 실린 면세품

면세품 수량 확인

면세품 담당 지상직원과 함께 상품의 수량 및 관련 사항을 점검한다.

5) 승객 탑승 및 환영 인사

승객 좌석 안내 및 환영 인사하는 모습

승객이 탑승하기 전, 승무원들은 유니폼을 단정하게 정돈하고 자신의 담당 구역에서 대기한다. 오버헤드 빈(Overhead Bin)을 열어 승객들이 짐을 쉽게 넣을 수 있도록 준비하며, 객실사무장은 탑승 음악을 켜 탑승 분위기를 편안하게 만든다.

승객들이 탑승을 시작하면, 항공기 전방 도어(Door) 근처에서 승무원이 탑승권을 확인하고 친절하게 환영 인사를 전한다.

여기서 잠깐!

승객 탑승 순서란 무엇인가요?

항공사에서는 효율적이고 질서 있게 탑승을 진행하기 위해 탑승 순서를 정해놓아요. 탑승 순서는 항공사의 정책에 따라 다를 수 있지만, 일반적으로 다음과 같은 순서로 탑승하는 것이 일반적이에요.

직원의 도움이 필요한 승객(아이와 함께 여행, 혼자 여행하는 어린이, 한 가족 서비스, 임신 중인 승객, 몸이 불편한 승객, 반려동물 동반 승객)

↓

VIP

↓

일등석 승객

↓

비즈니스석 승객

↓

이코노미석 후방 승객

↓

이코노미석 전방 승객

6) 승객 좌석 안내 및 수하물 정리

승객 좌석 안내 및 오버헤드 빈(Overhead Bin) 닫는 모습

승객이 탑승 후 좌석에 착석할 때, 객실승무원은 승객들이 자신의 좌석을 쉽게 찾을 수 있도록 돕는다. 또한, 승객이 수하물을 위치에 맞게 선반에 올려놓을 수 있도록 도와주며, 기내에 수하물을 보관할 때 발생할 수 있는 불편을 최소화한다.

7) 비상구 좌석 브리핑(Briefing)

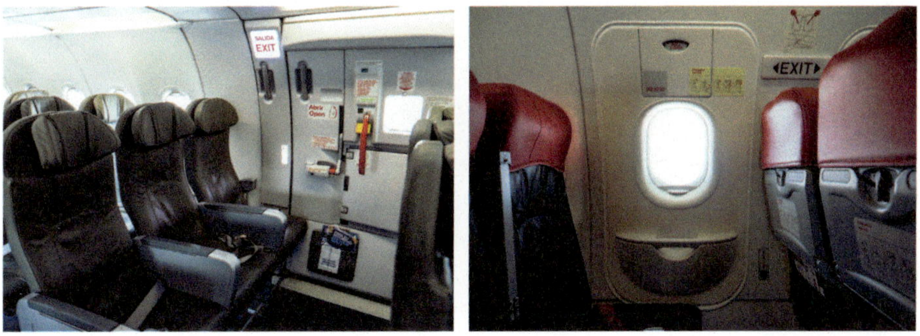

항공기 비상구 좌석의 모습

비상구 좌석에 앉은 승객에게는 비상 탈출 절차에 대한 설명을 제공하고, 승객의 동의를 받는다. 비상구 좌석은 만 15세 이상인 승객만 착석할 수 있으며, 비상 상황에서 승무원의 지시에 따라 탈출을 도울 수 있는 승객이 착석해야 한다.

여기서 **잠깐!**

비상구 좌석 배정 불가 승객을 알아볼까요?

1. 만 15세 미만, 혼자 움직이기 어려운 승객
2. 승무원의 안내나 비상 탈출 방법을 이해하지 못하는 승객
3. 안경이나 콘택트렌즈 외에 특별한 장치가 없으면 탈출이 어려운 승객
4. 보청기 없이 소리를 듣고 이해하기 어려운 승객
5. 비상 상황에서 다른 승객을 돕고 싶지 않은 승객
6. 술이나 약물에 취한 상태로 비행기에 탑승하는 승객

8) 승객 탑승 완료 및 서류 수령

항공기 문(Door) 닫는 모습

승객의 탑승이 완료되면 지상직원은 객실사무장에게 Ship Pouch를 전달하고, 탑승객의 수를 확인한 후 특이사항을 기장에게 보고한다. 항공기 이륙준비를 위해 모든 휴대수하물의 보관상태, 오버헤드 빈(Overhead bin)의 닫힘 상태 등을 확인하여 지상직원에게 "객실준비완료"를 통보한다. 기장에게 보고한 후, 지상직원이 하기하면 항공기 전체의 Door Close 방송을 실시하고 항공기 탑승구를 닫는다.

- Ship Pouch : 입국 서류나 기타 운항에 필요한 문서가 포함된 서류가 담긴 가방

9) 항공기 Door Close & Safety Check

객실사무장의 방송에 따라 각 승무원은 자신이 담당한 Door를 팽창(Armed) 상태로 변경하고, 반대쪽 Door에 있는 승무원과 변경이 제대로 이루어졌는지 확인한다. 객실사무장은 전체 승무원을 호출(All Attendant Call)한다. 항공기 뒤쪽 왼편(예: L5) 승무원부터 앞쪽(예: L4→L3→L2 순)으로 진행하며, 보고하는 승무원이 반대쪽 Door 상태까지 확인 후 Safety Check 이상이 없음을 보고한다. 이후, 객실사무장은 기장에게 주기장 후진(Push Back) 준비 완료를 보고한다.

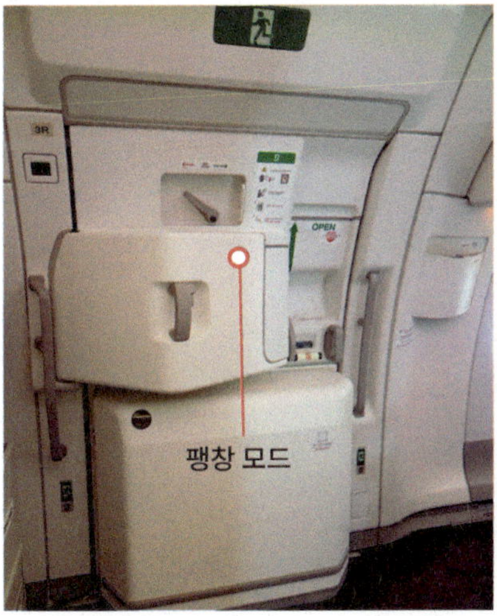

팽창상태(Armed Mode) 변경

비상시 미끄럼틀(Slide)이 펼쳐진 모습

팽창상태(Armed Mode)

팽창상태(Armed Mode)는 비상 상황이 발생했을 때, 문을 열면 미끄럼틀(Door Slide)이 자동으로 팽창될 수 있도록 Door의 상태를 설정하는 과정이다. 즉, 팽창상태는 비상 탈출을 위한 준비 상태를 의미한다.

여기서 **잠깐!**

Safety Check는 무엇을 의미하는 건가요?

Safety Check는 객실 이륙 준비가 완료되었음을 확인하는 거예요.
아래의 사항이 모두 완료되어 있어야 Safety Check가 완료된 거예요.

1. 승객 착석 및 좌석벨트 착용상태가 완료되었음을 확인
2. 좌석, 등받이, 개인용 모니터, 트레이 테이블(Tray Table), 발받침대, 창문 덮개 점검하였음을 확인
3. 화장실 내 잔류 승객이 없는지 확인
4. 모든 보관장소 닫힘상태 확인(오버헤드 빈(Overhead Bin), 코트룸(Coatroom) 등)
5. 주방(Galley) 내 움직이는 물품의 고정 확인

10) 환영 방송 및 인사

환영 인사하는 모습

해당 비행기의 최상위 방송 자격자가 환영 방송을 시작한다. 동시에 모든 객실승무원은 자신이 담당하는 구역(Zone)의 승객들 앞에서 정중하게 인사하며 환영의 뜻을 전한다. 환영 방송은 항공사마다 내용은 상이하지만, 일반적으로 다음과 같은 내용이 포함되어 있다.

환영 방송 내용

- 환영 인사
- 노선 안내(목적지, 편명, 비행시간 등)
- 안전 수칙 안내(좌석벨트 착용, 금연, 전자기기 등)
- 안전 시연 상영에 대한 안내

11) 안전 시연(Safety Demonstration)

출처: pexels

안전 시연 모습

안전 시연(Safety Demonstration)은 승객들에게 비행 중 안전을 보장할 수 있도록 기내 안전 정보를 제공하는 과정이다. 「항공안전법」 제58조에 따라, 이륙 전 승객에게 안전 정보를 제공해야 한다. 이 과정에서 승객들은 비상 상황에 어떻게 대응해야 하는지, 비상 탈출 방법, 안전장비 사용법 등을 배우게 된다. 안전 시연 방법은 승무원이 안전장비와 탈출 절차를 직접 시연하며 설명하거나, 안전 영상을 상영할 수 있다.

안전 시연 내용

- 비상장비 및 안전장비 위치와 사용법(구명복, 산소마스크)
- 탈출 경로 및 비상구 안내
- 좌석벨트 사용법
- 좌석 등받이, Tray Table, 발받침대 원위치
- 전자기기 사용 제한

12) 승무원 착석 및 이륙

승무원 착석한 모습

이륙을 위해 승무원들은 지정된 좌석(Jumpseat)에 앉는다. 이때, 이륙 중 돌발 상황이 발생할 경우 즉각 대처할 수 있도록 대비하며, 좌석벨트를 착용하지 않은 승객이나 이상 상황이 없는지 확인한다. 또한, 비상구 위치와 탈출장비 사용법, 승객 대피 절차 등의 내용이 포함된 '30 Seconds Review'를 머릿속으로 점검하며 예상치 못한 상황에 신속하게 대응할 수 있도록 준비한다.

30 Seconds Review의 내용

- 비상장비의 위치와 사용법
- 비상구의 위치와 사용법
- 비상 탈출 순서
- 비상 탈출 시 도움을 줄 수 있는 승객
- 충격방지 자세 Shouting
- 비상시 도움을 필요로 하는 승객

3 비행 중

1. 기념품 배포 및 헤드폰 서비스
2. 갤리 브리핑
3. 타월 서비스
4. 음료 서비스
5. 식사 서비스
6. 와인 & 물 리필 서비스
7. 커피 & 티 서비스
8. 식사 회수
9. 입국 서류 서비스
10. 면세품 판매
11. 승객 및 승무원 휴식
12. 2nd 기내식음료 서비스
13. 착륙 준비

1) 기념품 배포(Giveaway) 및 헤드폰 서비스(Headphone Service)

이륙 후 항공기가 10,000피트를 통과하면 '좌석벨트 착용 사인(sign)'이 꺼지며, 방송 담당 승무원이 승객들에게 '좌석벨트 상시 착용 안내 방송'을 실시한다. 동시에 전 승무원은 주방(Galley)으로 이동해 앞치마로 갈아입고 서비스 준비를 시작한다.

서비스 시작에 앞서 승무원들은 승객들에게 기념품과 헤드폰을 제공하는데, 기념품은 고급 편의 용품 키트(Amenity Kit), 어린이 승객을 위한 장난감이나 색칠북, 그리고 신규 취항 노선이나 특별한 이벤트 항공편에서 제공되는 한정판

기념품 등 다양한 형태로 제공된다. 또한 장거리 비행에서는 승객들이 기내 엔터테인먼트를 편리하게 이용할 수 있도록 헤드폰을 제공하며, 일부 노선에서는 승객 좌석 앞에 미리 비치해 두기도 한다. 다만, 저비용 항공사의 경우 헤드폰을 유료로 대여하는 방식이 적용될 수도 있다.

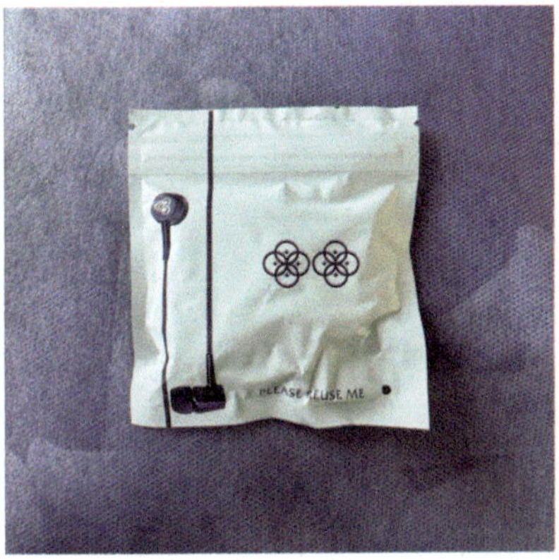

이어폰과 헤드폰

여기서 **잠깐!**

10,000피트가 지나도 좌석벨트 사인이 꺼지지 않는 경우도 있나요?

기장은 특정 상황에서 승무원이 자리를 뜨거나 서비스가 불가하다고 판단되면, 기장과 객실승무원 간의 신호 시스템을 통해 신호를 보내요.
이 신호는 승무원이 서비스나 이동을 시작하기 전에 기장의 승인을 받기 위한 중요한 절차예요.

구분	표준 신호	대응
상승 중 10,000 feet 통과	좌석벨트 착용 사인 'OFF'	• 좌석벨트 상시 착용 방송 실시 • 서비스 가능
	좌석벨트 착용 사인 'ON'상태 + 알림음(Chime) 1회	• 객실승무원 이석 가능 • 승객 착석 유지
	좌석벨트 착용 사인 'ON'상태 + 알림음(Chime) 2회	• 객실승무원 착석 유지 • 승객 착석 유지

출처: 대한항공의 기장과 객실승무원 간 신호체계 참고

2) 갤리 브리핑(Galley Briefing)

갤리 브리핑(Galley Briefing)은 기내 서비스 시작 전 승무원들이 모여 서비스 절차를 확인하고 역할을 분배하는 필수 과정이다. 갤리 브리핑은 객실승무원들이 기내 서비스를 원활하게 수행하기 위해, 담당 승무원 간 역할을 확인하고, 서비스 내용을 공유하기 위해 각 클래스별, 갤리(Galley)별로 브리핑을 실시한다. 일반적으로 갤리 담당 승무원이 주도하며, 간결하고 효율적으로 진행된 후 서비스 준비가 완료되면 객실 서비스가 시작된다.

갤리 브리핑(Galley Briefing) 내용

- 탑승객 정보(VIP, CIP 등)
- 일반식 내용 및 수량
- 특별 기내식(Special Meal)의 내용 및 수량
- 서비스 방법 및 유의사항
- 기타 승객 특이사항

3) 타월 서비스(Towel Service)

면 타월

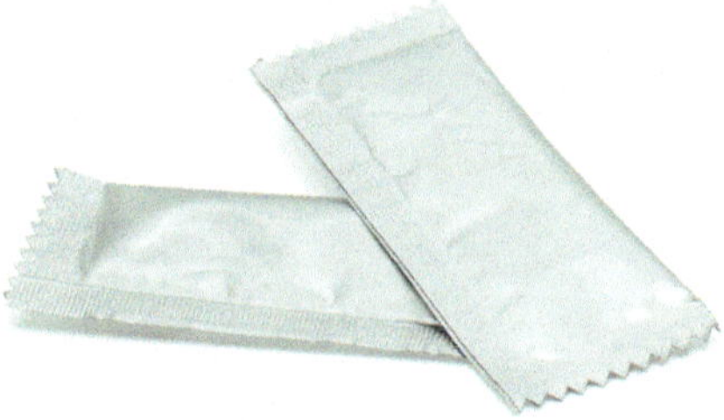

일회용 타월

타월 서비스(Towel Service)는 식음료 시작 전, 승객에게 따뜻하거나 차가운 타월을 제공하여 상쾌함과 편안함을 느낄 수 있도록 돕는 서비스이다. 제공 방식은 항공사의 클래스와 노선에 따라 다를 수 있으나, 일반적으로 첫 번째 식사 시에 일회용 타월(disposable towel)을 제공하며, 두 번째 식사 시에는 면 타월(cotton towel)을 따뜻하게 데워 제공하기도 한다. 또한, 음료 서비스 제공 방식에 따라, 음료와 함께 타월을 제공하기도 한다. 제공 후에는 사용한 타월을 회수하며, 전용 수거함이나 트레이를 사용하여 위생적으로 관리한다.

4) 음료 서비스(Beverage Service)

식사 서비스 전 승객들에게 다양한 기내의 음료 서비스가 제공된다. 이 또한 항공사의 운영정책과 방식에 따라 서비스 제공 방식이 다르다. 음료 서비스는 기내 환경의 특성상 갈증을 해결하고, 편안함을 유지하기 위한 중요한 역할을 하여 장거리 노선에서는 식사 후에도 추가적인 음료 서비스가 제공되기도 한다. 일반적인 제공 방식은 아래와 같다.

(1) 카트(Cart) 제공 방식

카트로 음료를 서비스하는 모습

카트 제공 방식은 음료 카트를 사용하여, 객실을 순차적으로 이동하며 승객에게 음료를 제공하는 방식이다. 음료 카트에는 다양한 음료들을 준비하여, 승객에게 순차적으로 주문을 받아서 서비스한다. 요청한 음료를 음료 카트에서 바로 준비하여 제공하는 방식으로, 대량의 음료를 한번에 제공할 수 있어 효율적이며, 승객이 직접 음료를 선택할 수 있는 장점이 있다. 창가 쪽에 있는 손님에게 음료를 제공할 때에는 트레이(Tray)를 이용하며, 가까운 쪽에 있는 손님은 트레이 테이블(Tray Table) 위에 직접 놓아 드린다.

(2) 트레이(Tray) 제공 방식

트레이로 음료를 서비스하는 모습

트레이(Tray) 제공 방식은 승무원이 트레이(Tray)에 음료를 미리 준비한 후, 승객에게 개별적으로 전달하는 방식이다. 트레이(Tray)에 준비된 음료를 우선적으로 제공한다. 만약 승객이 트레이(Tray)에 없는 다른 음료를 요청할 경우, 승무원은 승객의 좌석 번호를 확인한 후, 갤리에서 준비하여 직접 제공한다.

5) 식사 서비스(Meal Service)

이코노미 기내식

대형 항공사의 식사 서비스(Meal Service)는 승객에게 기내식을 제공하는 절차로, 클래스(퍼스트, 비즈니스, 이코노미)와 비행거리(단거리, 중 · 장거리)에 따라 식사의 종류와 서비스 방식이 달라진다. 일반적으로 음료 서비스가 끝난 직후 식사가 제공되며, 승객의 편의성과 서비스 효율성을 고려하여 운영된다. 대형 항공사의 이코노미 클래스에서는 한상 차림 제공 방식(Tray Service)을 사용하여 미리 준비된 트레이 형태의 기내식을 제공하며, 비즈니스 및 퍼스트 클래스에서는 코스별로 음식을 제공하는 코스 서비스 방식(Course Service)을 적용한다. 또한, 대형 항공사의 기내식은 일반식(Standard Meal)과 특별식(Special Meal)으로 구분되며, 특별식은 다양한 승객의 필요에 맞춰 사전 요청을 통해 제공된다.

사전에 주문한 특별식의 경우 일반식을 제공하기 전 고객의 성함과 좌석을 확인하고 개별로 먼저 제공한다. 식사 카트 위에 와인, 맥주, 음료, 물 등의 음료를 올려, 식사와 음료를 주문받고 제공한다. 식사를 하지 않고 주무시는 승객은 취침 후 식사할 수 있도록 한다.

여기서 **잠깐!**

저비용 항공사의 기내 서비스 제공 방식과는 어떤 차이가 있나요?

저비용 항공사는 항공사에 따라 제공 방식이 상이하나, 일반적으로 간단한 기내식을 제공하는 항공사도 있어요. 하지만 일반적으로 유료로 제공하는 항공사가 많으며, 승객이 사전에 기내식을 선택하는 프리오더 방식(Pre-order Service) 또는 기내에서 직접 구매하는 현장 구매 방식을 운영하는 경우가 많아요. 저비용 항공사의 기내식은 간단한 스낵류나 샌드위치, 컵라면 등이 주를 이루며, 일부 항공사는 유료로 따뜻한 기내식을 제공하기도 한답니다.

구분	클래스	식사 서비스 방식	대응
대형 항공사	이코노미	한상 차림 제공 방식	미리 준비된 트레이(Tray) 형태로 기내식 제공
	비즈니스/퍼스트	코스 서비스 방식	코스별로 나누어 제공(애피타이저, 메인 요리, 디저트 등)
	공통	일반식 & 특별식 제공(무료)	사전 요청을 통해 채식, 힌두식, 저염식 등의 특별식 제공
저비용 항공사	공통	Finger Food (무료) & 프리오더 방식(유로)	항공사의 정책에 따라 차가운 형태의 간단한 기내식을 제공하기도 함 탑승 전 온라인으로 기내식 주문도 가능함
	공통	현장 구매 방식(유로)	기내에서 승객이 직접 유료로 기내식 구매

6) 와인 & 물 리필 서비스

와인 & 물 리필 서비스

식사 서비스가 종료된 후, 객실(Aisle) 담당 승무원은 와인병을 들고 좌석을 돌며 리필 서비스를 제공한다. 승객이 선택할 수 있도록 레드와인과 화이트와인을 모두 준비한다. 와인과 마찬가지로, 물 리필 서비스를 위해 물병을 들고 좌석을 돌며 추가로 필요하신 승객분들께 채워드린다.

7) 커피 & 티 서비스

커피 & 티 서비스

항공사마다 커피와 티 서비스 방식은 다를 수 있지만, 일반적으로 커피는 블랙커피(아메리카노 스타일)로 제공된다. 승객 요청 시 크림과 설탕도 함께 드린다. 티는 보통 홍차나 녹차 중에서 선택할 수 있으며, 승무원은 트레이에 커피와 티를 준비해 승객 요청에 따라 안전하게 서비스한다.

8) 식사 회수

식사 회수는 승객이 식사를 마친 상태를 확인한 후 순차적으로 이루어진다. 승무원은 트레이, 음료 잔, 남은 음식물과 쓰레기를 카트나 봉투에 담아 회수하며, 기내가 깔끔하게 유지되도록 한다. 만약 승객이 음료를 마시거나 식사를 마치지 않은 경우, 추가로 시간을 드린다.

9) 입국 서류 서비스

모든 식사 Tray를 회수한 후, 객실승무원은 입국에 필요한 서류를 승객에게 배포한다. 기내 입국 서류 서비스는 국제선 항공편에서 승객이 목적지 국가에 도착하기 전 입국에 필요한 서류를 미리 작성할 수 있도록 지원하는 서비스이다. 이를 통해 입국 심사 시간을 단축하고 승객이 공항에서 원활하게 절차를 진행할 수 있도록 돕는다.

기내 배포 방식

- 항공사는 승객들이 도착지에서 입국심사를 받을 때 필요한 입국신고서, 세관신고서, 건강신고서 등을 미리 준비한다.
- 각 승객의 국적과 목적지에 따라 필요한 서류가 다를 수 있으므로, 승무원은 해당 국가의 요구 사항에 맞게 서류를 준비한다.
- 입국서류는 개별적으로 각 승객에게 제공된다. 승무원은 각 승객이 필요로 하는 서류를 정확히 배포하고, 비행 중 승객이 서류를 작성할 수 있도록 안내한다.
- 승무원은 승객에게 서류를 어떻게 작성해야 하는지 설명하거나, 서류를 작성하는 데 필요한 정보를 제공한다.
- 일부 국가는 종이 서류 대신 모바일 앱 또는 웹사이트를 통해 사전에 전자 입국 신고를 받는다.
- 승무원은 승객에게 해당 국가의 전자 신고 시스템을 안내하며, 필요시 QR 코드나 안내 문서를 제공하기도 한다.

여기서 **잠깐!**

대한민국 전자입국신고(e-Arrival Card)는 어떻게 할 수 있나요?

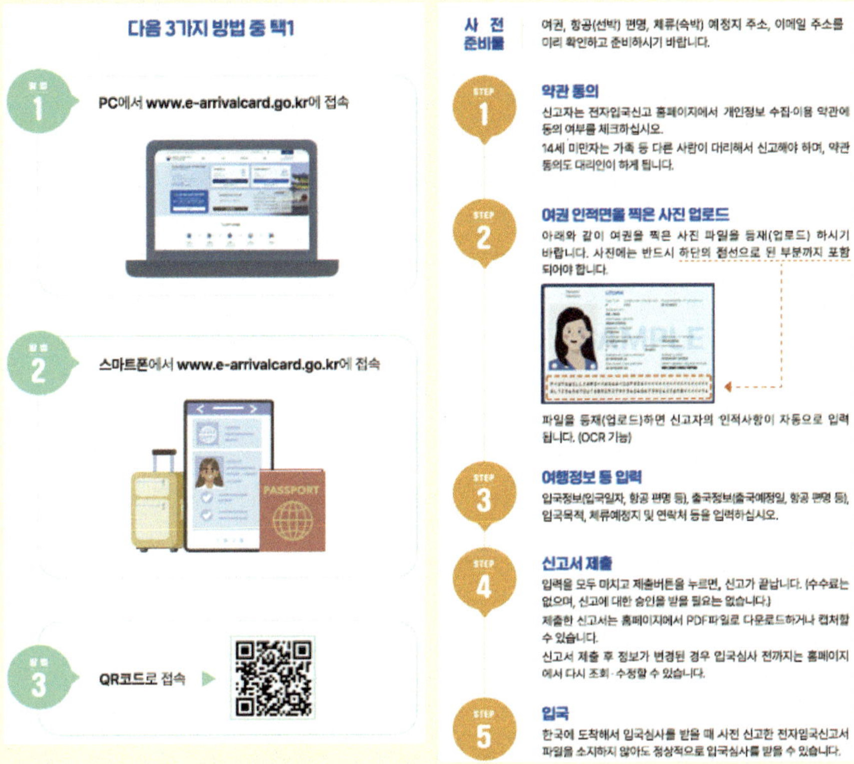

출처 : 법무부 홈페이지

10) 면세품 판매

면세품 판매는 항공기 내에서 승객에게 세금이 면제된 상품을 판매하는 서비스이다. 면세품은 해당 국가의 세법에 따라 세금이 면제된 제품이기 때문에 저렴한 가격으로 제공된다. 면세품은 보통 향수, 화장품, 주류, 담배, 기념품 등으로 다양하다.

(1) 주문 및 결제

- 승객이 면세품을 선택하면, 승무원은 해당 상품의 주문을 접수하고 결제 방법을 안내한다. 기내에서는 주로 신용카드, 현금을 사용하여 결제할 수 있다.
- 결제가 완료되면, 면세품은 승객에게 직접 전달된다.

(2) 면세품 판매의 장점

- 가격 경쟁력 : 면세품은 세금 면제로 인해 일반 상점보다 가격이 저렴하다. 승객들은 더 합리적인 가격에 고품질의 제품을 구매할 수 있다.
- 편리함 : 비행 중에 면세품을 구매할 수 있어 공항 면세점에서 구매하지 못한 선물을 추가 구매할 수 있는 편리함이 있다.
- 다양한 선택 : 항공기의 크기에 따라 다를 수 있으나, 향수, 화장품, 주류, 담배, 기념품 등 다양한 제품을 제공하여 승객들이 선택할 수 있는 폭이 넓다.

(3) 면세품 사전 주문 서비스

사전 주문의 장점

– 인기 상품의 품절 방지

– 기내 구매 대기 시간 없이 바로 구매 가능

– 특별 할인 행사를 통한 더 경제적인 구매 가능

면세품 결제

출처: 아시아나항공 홈페이지

면세품 사전 주문

여기서 **잠깐!**

100ml 이상 액체류 판매 시 주의할 점은 무엇인가요?

환승 승객, 즉 한 비행기에서 다른 비행기로 갈아타는 승객은 처음에 탑승한 비행기에서 내리고, 다른 비행기 탑승을 위해 다시 보안 절차나 체크인 과정을 거쳐야 할 수 있어요. 대부분의 국가에서 액체는 100ml 이하 용기만 허용되고 모든 액체는 투명하고 밀폐된 지퍼백에 담아야 하며, 기내에서 판매하는 액체도 이 규정을 따라야 해요.

출처: 항공위키

주요 사항! 보안 봉인 백(Security Tamper Evident Bag) 사용

- 100ml 이상인 액체류는 반드시 보안 봉인 백에 담아야 해요.
- 승객은 봉인이 훼손되지 않도록 주의해야 해요.

11) 승객 및 승무원 휴식

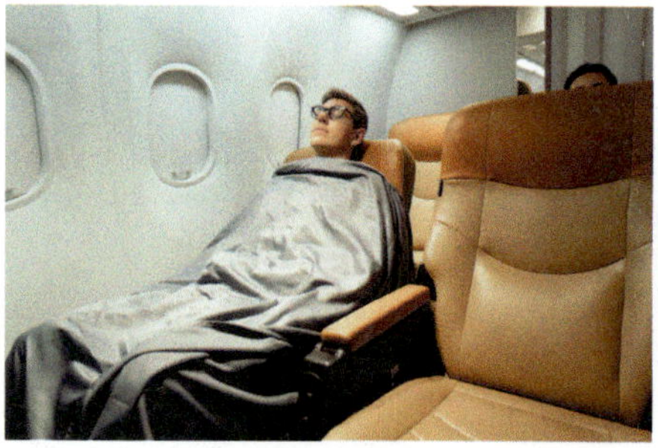

승객 휴식

승무원 휴식 공간

객실 서비스가 끝난 후 다음 서비스를 위해서 승무원의 휴식을 실시한다. 승무원 휴식은 장거리 비행에서 승무원들이 안전하고 효율적인 근무를 위해 반드시 지켜야 하는 중요한 사항이다. 이를 통해 승무원의 피로를 최소화하고, 승객들에게 지속적으로 질 높은 서비스를 제공할 수 있도록 도울 수 있다. 일반적으로 8시간 이상의 장거리 비행에서 승무원들은 일정 시간 동안 승무원 휴식 공간

(Crew Rest Area)에서 쉰다. 승무원들은 교대로 휴식을 취하며, 휴식이 끝난 후 다시 서비스를 시작하는 방식으로 근무한다. 휴식을 취하지 않는 승무원들은 기내 상태를 점검하고, 승객들이 안전하고 편안하게 비행할 수 있도록 주의 깊게 살핀다. 또한, 다음 서비스와 관련한 업무도 진행한다.

12) 2nd 기내식음료 서비스

2nd 기내식은 1st 서비스 방향의 반대로 진행된다.

- 첫 번째 서비스는 대개 객실 양쪽 끝에서부터 시작하여 만나는 서비스로 진행된다.
- 두 번째 서비스는 그 반대로 진행된다.
- 서비스 순서의 균형을 맞추어 승객들에게 고르게 서비스를 제공할 수 있도록 한다.

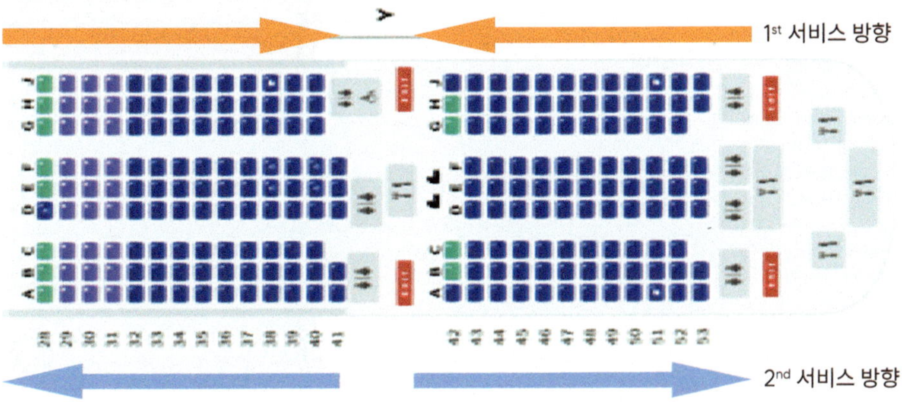

출처 : 대한항공 홈페이지

1st & 2nd 서비스 방향

13) 착륙 준비

승무원이 주방(Galley) Locking하는 모습

승객이 좌석벨트 매는 모습

착륙 준비는 항공기가 목적지 공항에 가까워졌을 때, 승무원들이 비행을 안전하게 마무리하고 승객들이 착륙 후 안전하게 하기할 수 있도록 준비하는 과정이다. 착륙 준비는 여러 단계로 나뉘며, 각 단계에서 승무원들이 수행해야 하는 업무는 다음과 같다.

(1) 기내 서비스 마무리

- 식음료 서비스 종료 : 착륙 준비가 시작되면 기내 서비스는 종료된다. 진행 중이던 서비스를 마무리하고 모든 서비스 물품을 회수한다.
- 기내 물품 정리 : 기내가 깔끔하게 정돈되도록 한다.

(2) 객실(Aisle) 담당 승무원의 안전 점검

- 좌석벨트 착용 안내
- 좌석 등받이 세우기
- 전자기기 확인
- 창문 덮개 열기
- Tray Table 닫기

(3) 주방(Galley) 담당 승무원의 안전 점검

- 주방(Galley) 정리 : 기내 주방에 남아 있는 식사 도구와 쓰레기를 정리하고, 기기가 안전하게 고정되어 있는지 점검한다. 비행 중 흔들림에 대비하여 모든 물품을 안전하게 정리한다.

4 착륙 후

- Safety Check & Door Open
- 승객 하기
- 보안 점검 및 유실물 체크
- 서비스 물품 회수 및 지상직원 인수인계
- 디브리핑

1) Safety Check & Door Open

항공기가 주기장에 도착하면 승무원들은 여러 절차를 거쳐 기내 상태를 점검하고, 승객들이 안전하게 하기할 수 있도록 준비한다. 업무 절차는 다음과 같다.

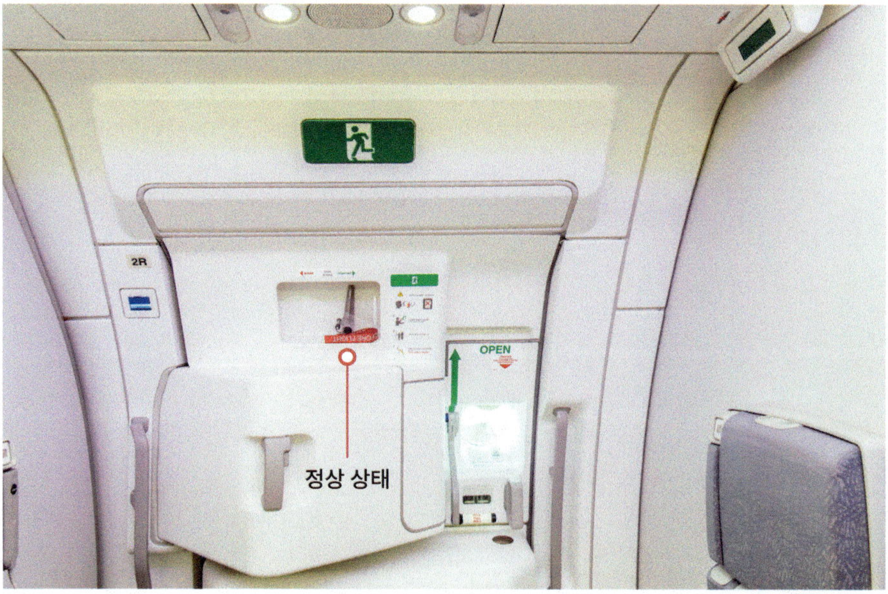

정상 상태(Disarmed Mode)로 변경된 모습

- 각 Door의 상태(Mode) 변경 : 모든 승무원은 팽창(Armed) 상태였던 담당 Door를 착륙 후 Door가 열릴 때 비상 미끄럼틀이 활성화되지 않도록 하기 위해, 정상(Disarmed) 상태로 변경한다.
- 반대쪽 Door의 승무원이 정상(Disarmed) 상태로 올바르게 변경했는지 확인한다.
- 객실사무장은 전체 승무원 호출(All Attendant Call)을 한다.
- 항공기 뒤쪽 왼편(예: L5) 승무원부터 앞쪽(예: L4 → L3 → L2 순)으로 진행하며, 보고하는 승무원이 반대쪽 Door 상태까지 확인 후 Safety Check 이상이 없음을 보고한다.
- Door 열기 전 상황 확인 : 객실사무장은 기내와 외부 상황을 모두 고려하여 안전하게 도어를 열 수 있는 시점을 결정한다. 외부 상황을 확인 후, 지상 승무원과의 소통을 통해 Door를 개방할 수 있는 최적의 시간을 맞춘다.
- 항공기 Door가 열리면 객실사무장은 지상직원에게 항공 서류 가방(Ship Pouch)을 전달한다. 이 가방 안에는 항공기 운항과 관련된 중요한 서류들(승무원, 항공기의 출입국 신고서, 명단 등)이 포함되어 있다.

2) 승객 하기

승객 하기 모습

휠체어 승객 하기 모습

공항 당국으로부터 승객 하기에 대한 허가를 받은 후 승객의 하기가 시작된다. 휠체어 이용 승객과 유아 동반 승객 등 도움이 필요한 승객이 있을 경우, 승객의 하기가 잘 이루어질 수 있도록 Door까지 안내해 드린다. 객실승무원은 각자의 좌석(Jumpseat) 주변에서 마지막 승객이 하기할 때까지 감사의 인사를 드린다.

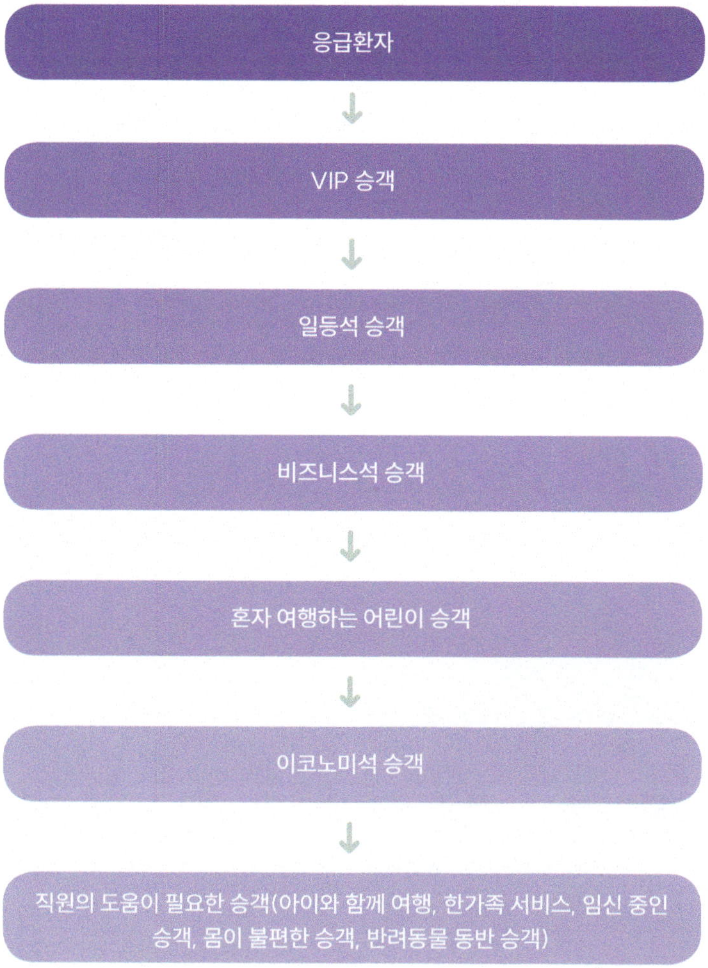

승객 하기 순서

도움이 필요한 승객(휠체어 승객, 시각장애인 승객) 인계 절차

도움이 필요한 승객은 특별한 도움과 배려가 필요한 승객들로, 기내 승무원과 지상직원 간의 협력과 신속한 소통이 중요하다. 편안하고 안전하게 하기하고 터미널로 이동할 수 있도록 돕는 절차가 필요하다.

1. 도착 후 하기 준비(기내 승무원)

- 휠체어 승객이 하기할 때 지상에 휠체어가 준비되어 있는지, 시각장애인 승객의 경우 안내가 필요한지 다시 한번 확인하고, 하기를 위한 경로를 준비한다.
- 승무원은 승객이 하기할 준비가 되었는지 확인하고 하기 지점까지 승객을 안내한다.

2. 휠체어 승객과 시각장애인 승객 인계(기내 승무원 > 지상직원)

- 휠체어 승객은 휠체어로 하기하는 구역까지 이동하며, 시각장애인 승객은 기내 승무원의 음성 안내를 받으며 이동한다.
- 기내 승무원은 휠체어 승객과 시각장애인 승객을 지상직원에게 안전하게 인계한다.

3) 보안 점검 및 유실물 체크

보안 점검하는 모습

모든 승객 하기 후 보안 점검은 항공기의 안전과 보안을 위해 필수적인 절차이다. 모든 승무원들은 좌석 아래와 오버헤드 빈(Overhead Bin), 화장실, 승무원 휴식 공간, 주방(Galley) 등을 확인하며 위험 물질, 불법 물품, 잔류 승객, 분실물이 없는지 철저히 점검한다.

여기서 **잠깐!**

승객 하기 후, 보안 점검 시 유실물을 발견하게 되면 어떻게 하나요?

항공사마다 유실물 관리 시스템이 다를 수 있지만, 수하물 찾는 곳에는 항공사마다 유실물 찾는 곳이 있어요. 승무원이 직접 유실물 맡기는 곳에 가서 물건을 전달해요.
유실물 보고서에 유실물의 종류, 편명, 발견한 위치 등을 기록해요.

4) 서비스 물품 회수 및 지상직원 인수인계

승무원들은 객실 내 회수가 덜 된 용품을 수거하고 정해진 장소에 보관한다. 면세품 담당 승무원은 판매된 면세품의 재고를 확인하고 누락되거나 손상된 물품이 없는지 점검한 후, 지상직원과 함께 수량과 상태를 정확히 검수한다.

5) 디브리핑(Debriefing)

객실승무원 디브리핑 모습

디브리핑(Debriefing)은 비행 후 승무원들이 모여 업무를 점검하고 개선점을 논의하는 중요한 과정이다. 승무원들은 개인 짐과 사용한 물품을 정리한 후 참석하며, 각 클래스 담당자는 자신이 맡았던 업무 경험을 공유하고 문제점을 논의한다. 이를 통해, 클래스 간 차이를 이해하고 서로의 업무를 배우며, 효율적인 서비스 제공 방법과 개선점을 논의하여 다음 비행에서 적용할 수 있도록 한다. 또한, 객실사무장은 비행 중 발생한 사건이나 문제를 기록하고 필요한 후속 조치를 보고하여 비행의 품질 향상에 기여할 수 있다.

이렇듯, 디브리핑(Debriefing)은 승무원들이 다양한 업무 경험을 학습하고 팀워크를 강화하며, 서비스 품질을 향상시켜 보다 안전하고 효율적인 비행을 할 수 있도록 돕는 중요한 절차이다.

Challenge Quiz

Q1 객실승무원의 짐 보관 가능 장소를 3곳 이상 적으시오.

Q2 비상장비 점검 항목에 해당하지 않는 것을 고르시오.

① 의료장비 점검
② 안전장비 점검
③ 비상 탈출장비 점검
④ PA 점검
⑤ 화재 진압장비 점검

Q3 승객 탑승 순서를 올바르게 나열하시오.

VIP, 직원의 도움이 필요한 승객, 일등석, 비즈니스석, 이코노미석 전방 승객, 이코노미석 후방 승객

Q4 면세품 판매 시, 환승 승객에게 100ml 이상의 액체류를 판매할 때 반드시 '이 봉투'에 담아야 한다. '이 봉투'를 우리말 혹은 영어로 적으시오.

Q5 승객 하기 후, 객실승무원의 보안 점검 업무에 해당하지 않는 것을 고르시오.

① 좌석 밑과 오버헤드 빈(Overhead Bin)에 이상 물품이 없는지 확인
② 조종실 내 이상 물품이 없는지 확인
③ 승무원 휴식 공간 확인
④ 화장실에 위험 물품, 잔류 승객 없는지 확인
⑤ 주방(Galley) 내 위험 물품 없는지 확인

6장

고객 응대

1 고객 응대 기본 자세

1) 기본 자세

항공사의 객실승무원은 항공사의 규정을 준수하여 단정하고 청결한 유니폼 상태로 승객을 응대해야 한다. 유니폼 착용 시 올바른 이미지 메이킹을 통해 승객에게 신뢰감을 주는 것이 중요하다. 또한 유니폼을 착용하여 이동하거나 승객을 응대할 때는 항상 바른 자세를 유지해야 한다. 이러한 올바른 태도와 청결한 유니폼 상태는 승무원과 항공사의 이미지를 높이는 데 큰 역할을 한다.

객실승무원

(1) 표정

- 표정은 첫인상을 결정짓는 중요한 요소이므로, 밝은 표정과 자연스러운 미소를 유지하도록 한다.

- 시선은 부드럽게 대화의 상대를 바라보며 이야기한다.
- 대화 시 고객을 정면에서 바라보고 응대하며, 곁눈질을 하지 않는다.
- 승객과 눈이 마주친 경우 어색하지 않게 미소를 짓거나 가벼운 목례로 예의를 표한다.
- 승무원의 개인적인 감정이 표정으로 드러나지 않도록 주의하며, 갑작스런 표정 변화에 주의한다.
- 미소 띤 표정을 기본으로 하되, 상황에 맞는 표정을 짓는다.

(2) 선 자세

- 다리는 가지런히 모으고, 무릎을 붙인다.
- 시선은 승객을 향하며, 턱을 당기고 밝게 웃는다.
- 허리는 반듯이 세우고, 어깨를 편다.
- 한쪽 다리로 짝다리를 짚거나, 기대어 서지 않는다.

(3) 앉은 자세

- 무릎을 붙이며, 엉덩이는 의자 안쪽으로 밀어 넣는다.
- 다리는 가지런히 모으고, 등과 허리를 반듯이 세운다.
  - » 무릎을 꼬아서 앉지 않는다.
- 여승무원
  - » 치마가 올라가지 않도록 당겨 앉는다.
  - » 양손은 가지런히 모아 무릎 위에 올린다.
  - » 앉을 때 스커트의 뒤가 올라가지 않도록 뒤 매무새를 정리한다.
- 남승무원
  - » 무릎을 어깨 너비로 벌려 자연스럽게 앉는다.
  - » 손은 가볍게 주먹을 쥔 상태로 무릎 위에 올린다.

(4) 걷는 자세

- 시선은 자연스럽게 앞을 향하며 턱을 아래로 당긴다.
- 바른 자세로 서서 발은 일자가 되도록 하고, 적당한 보폭으로 걷는다.
- 걷는 동안 팔은 자연스럽게 앞뒤로 흔든다.
- 기내에서 이동할 때는 기내화를 끌거나 쿵쾅거리지 않도록 주의하며, 사뿐히 걷는다.

이동 중인 승무원

(5) 인사자세

- 인사는 승객에게 환영을 나타내는 중요한 부분이다.
- 정중하고 예의 바르게 인사한다.
- 승객에게 몸을 돌리고, 눈 맞춤과 밝은 표정으로 인사한다.
- 머리만 떨어뜨리는 자세가 아니라, 어깨를 숙여 정중하게 인사한다.
- 인사의 시작과 끝에 눈 맞춤을 하여 성의 있게 표현한다.
- 따뜻한 음성으로 인사한다.

여기서 **잠깐!**

따뜻한 음성으로 인사를 해볼까요?

"안녕하십니까? 반갑습니다."
"즐거운 비행 되십시오."
"기내에서 편안한 시간 보내시기 바랍니다."
"필요한 것이 있으시면 언제든지 말씀해 주세요."
"저희 항공사를 이용해 주셔서 감사합니다."
"오늘도 안전한 비행 되십시오."
"승객 여러분, 좋은 하루 보내십시오."
"무엇을 도와드릴까요?"
"감사합니다."

(6) 서비스 자세

- 서비스 제공 시
  - 식사나 음료 등은 반드시 두 손으로 제공한다.
  - 승객 응대 시 몸은 승객을 향하고, 눈높이를 맞추기 위해 상체를 15도 정도 숙인다.
  - 커피나 기내식 제공 시 승객이 로고를 바로 볼 수 있도록 한다.
  - 오른쪽 승객에게는 오른손을, 왼쪽 승객에게는 왼손을 사용한다.
  - 식사 제공 시 창가 손님부터 서비스하며, 회수 시 복도의 승객부터 회수한다.
  - 승객의 머리 위쪽으로 물건을 건네지 않는다.
  - 안쪽 승객에게 서비스할 때는 바깥쪽 승객에게 양해를 구한다.
  - 커피나 음료 제공 시 승객에게 완전히 전달되었는지 확인 후 손을 뗀다.

기내 서비스 제공 시 자세

- 서비스 카트 사용 시
  - » 카트에 기대지 않는다.
  - » 카트를 손으로 잡은 채 턱을 돌려 승객에게 말하지 않는다.
  - » 카트 서비스 시 빨간색 페달을 눌러 반드시 고정한 뒤 흔들림을 방지하고, 이동 시 녹색 페달을 눌러 고정을 해제한다.

- 요청사항 처리 시
    - » 요청사항은 반드시 숙지하고 메모하는 습관을 갖는다.
    - » 요청한 서비스 물품을 제공하지 못할 때는 죄송하다는 표현과 함께 대체물품을 제안한다.

② 기본 화법

1) 경청

경청은 승무원과 승객 간의 원활한 소통과 신뢰감을 형성하는 데 중요한 역할을 한다. 승무원이 승객의 말을 잘 듣고 이해하면, 승객은 존중받고 있다는 느낌을 받게 된다.

기울 경 傾 들을 청 聽

"경청"은 단순히 듣는 것이 아니라, 주의 깊게 귀 기울여 듣는 것을 의미한다.
이는 상대방의 말을 깊이 있게 받아들이고 존중하는 자세를 강조하는 것이다.

(1) 집중하여 듣기

- 의미: 하던 일을 멈추고 상대의 말을 집중하여 듣는 것을 의미한다.
- 방법: 승객의 이야기를 들을 때는 다른 생각을 하지 않으며, 온전히 집중한다. 말을 하는 상대의 의도와 감정상태를 이해할 수 있도록 노력한다.

(2) 몸짓 언어 사용하기

- 의미: 신체 언어를 통해 상대방에게 관심을 표현하는 것을 의미한다.
- 방법: 눈을 맞추고, 고개를 끄덕이거나 대화에 맞는 표정을 짓는 등의 몸짓을 통해 승객의 말에 공감하고 있다는 것을 표현한다.

(3) 공감하기

- 의미: 적극적인 공감은 상대방의 입장이 되어 현재의 감정을 진정으로 이해하고 공감하는 것을 의미한다.
- 방법: 대화하고 있는 상대의 상황을 이해하고자 노력하며, 공감의 언어와 공감의 자세를 사용한다.

공감의 언어와 자세

- 공감의 언어: "네. 많이 속상하셨을 것 같습니다", "그럼요, 그럴 수 있죠", "힘드시겠어요" 등의 표현
- 공감의 자세: 눈 맞춤, 고개를 끄덕이거나 몸을 앞으로 기울이는 자세, 적절한 타이밍에 미소를 짓는 것, 속상한 이야기를 할 때는 같은 무드의 표정과 톤으로 이야기하는 것 등

(4) 질문하기

- 의미: 이해한 내용을 확인하거나 추가 정보를 얻기 위해 질문하는 것을 의미한다.
- 방법: 승객의 말을 듣고 이해한 내용을 요약하거나, 더 자세한 정보를 얻기 위해 적절한 질문을 한다. "이 부분에 대해 좀 더 설명해 주시겠어요?" "~ 이와 같은 의미이신 거지요?"

2) 신뢰화법

승무원은 승객의 안전한 여행을 보장하기 위해 안전과 서비스를 책임진다. 따라서 승무원은 신뢰감을 줄 수 있도록 정중하고 예의 있는 화법을 구사해야 한다.

신뢰화법의 구사체로는 "요조체"를 사용하여 친숙하고 예의를 갖추어 대화를 할 수 있으며, "다나까체"를 사용하여 명확하고 신뢰감 있는 표현을 제공할 수 있다. 이러한 화법을 통해 승무원은 승객에게 신뢰와 안도감을 주고, 더 나은 서비스 경험을 제공할 수 있다.

신뢰화법 = 요조체 + 다나까체

한번에 정리하는 요조체 & 다나까체!

- 요조체는 부드럽고 신뢰감을 주는 말투(고객 응대 & 서비스 제공 시)
- 다나까체-공식적이고 명확한 말투(기내방송 & 중요한 안내 시)
- 기내 상황에 맞추어 적절하게 표현하면 신뢰감 있는 표현이 됨

구분	요조체	다나까체
말투 특징	부드럽고 친근한 느낌, 신뢰와 배려 강조	명확하고 공식적인 느낌, 객관적 정보 전달
주요 어미	"~이에요", "~지요", "~군요" 등과 같은 존대어 사용	"~다", "~까" 등 서술형·의문형 어미 사용
사용 목적	고객과 친밀한 관계 형성, 정서적 안정 제공	정확한 정보 전달, 공손하면서도 단호한 표현
사용 상황	서비스 제공, 고객과의 자연스러운 대화	안내 방송, 공식적인 상황에서의 정보 제공
예시	"어떤 음료를 드릴까요?"	"고객님, 원하시는 음료가 있으십니까?"
	"고객님, 좌석 등받이를 올려주시겠어요?"	"고객님, 좌석 등받이를 원위치로 조정해 주시기 바랍니다."
	"곧 착륙할 예정이니 안전벨트를 다시 한번 확인해 주세요."	"고객님, 곧 착륙할 예정이니 안전벨트를 착용해 주시기 바랍니다."

3) 의뢰형 화법

의뢰형 화법은 승객에게 부탁을 하거나 요청할 때 사용할 수 있는 정중하고 부드러운 화법이다. 의뢰형 화법을 사용하면 듣는 사람이 거부감을 느끼지 않고 요청을 더욱더 수용할 수 있게 만들어주는 매직(Magic)화법이다.

일반적인 요청 시 아래와 같은 표현들은 승객의 입장에서 직접적이고 단호한 느낌을 강하게 받을 수 있다. 의뢰형 화법을 적용하여, 의문문의 형태로 바꾸어 듣는 사람이 결정할 수 있도록 의뢰 즉 요청해 본다면 다음과 같이 표현할 수 있다.

의뢰형 화법의 예시

일반적 요청 시	의뢰형 화법 요청 시
창문을 여세요.	창문을 열어주시겠어요?
잠시만 기다리세요.	잠시만 기다려주시겠어요?
짐을 위로 올리세요.	짐을 위로 올려주시겠어요?
안전벨트를 착용하세요.	안전벨트를 착용해 주시겠어요?

의뢰형 화법 적용 포인트

- "~세요" → "~주시겠어요?", "~주시길 바랍니다." 등으로 변경하여 부드러운 느낌을 줌
- 고객을 배려하는 정중한 표현으로 변환
- 명령이 아닌 부탁하는 형태로 바꾸어 서비스 친화적인 분위기 조성

4) 쿠션화법

쿠션언어 예시

- 죄송합니다만,
- 아쉽지만,
- 안타깝게도,
- 불편을 드려 죄송합니다만,
- 다소 불편하시겠지만,

쿠션화법은 승무원이 고객과 대화할 때 직접적인 표현을 완화하여 부드럽게 전달하는 기술이다. 이 화법은 고객이 부정적인 감정을 느끼지 않도록 하면서도

원하는 정보를 효과적으로 전달하는 데 사용된다. 예를 들어, 기내에서 특정 서비스를 제공할 수 없는 경우, 단순히 "안 됩니다."라고 말하는 대신, 긍정적인 요소, 즉 쿠션화법을 먼저 제시한 후 아쉬운 점을 부드럽게 전달하는 방식이다.

위의 쿠션화법을 적용하여, 불편한 상황에 대한 대화를 보다 완곡하게 표현해서 고객에게 정중하게 전달할 수 있는 다음의 예시를 살펴보자.

쿠션화법 적용하기

쿠션화법 미적용	쿠션화법 적용
그 좌석으로 변경할 수 없습니다.	죄송합니다만, 현재 좌석 변경이 어려운 상황입니다.
해당 메뉴는 없습니다.	아쉽지만, 해당 메뉴는 준비되어 있지 않습니다.
수하물 초과로 추가 요금을 내셔야 합니다.	안타깝게도, 수하물 무게가 초과되었습니다.
서비스 제공이 어렵습니다.	불편을 드려 죄송합니다만, 현재 서비스 제공이 어렵습니다.
기내에서는 전자기기 사용이 금지됩니다.	다소 불편하시겠지만, 승객님의 안전을 위해 특정 전자기기의 사용이 제한되는 점 양해 부탁드립니다.

5) 긍정화법

비행기가 익숙하지 않은 승객들은 작은 요청에서부터 불만을 토로하기까지 다양한 필요를 승무원에게 전달한다. 이때 승무원의 긍정적인 화법은 승객에게 신뢰와 편안함을 제공하며, 요청을 적극적으로 해결하려는 모습을 보여 승객이 안심할 수 있도록 돕는다.

예를 들어 승객의 요청에 "지금은 불가능합니다."라고 표현하는 것은 부정적인 언어에 해당한다. 반면에 "손님, 잠시만 기다려주시겠습니까? 제가 다시 확인해 보겠습니다."라고 응대하면, 승객은 승무원이 자신의 요구사항을 해결하기 위해 노력하고 있다는 긍정적인 인상을 받게 된다. 이러한 긍정적 화법은 승객에게 신뢰와 안도감을 주고, 더 나은 서비스 경험을 제공하는 데 큰 도움이 된다.

긍정화법 적용하기

긍정화법이 아닌 표현	긍정화법의 표현
이건 불가능합니다.	잠시만 기다려주시겠습니까? 가능한 방법을 찾아보겠습니다.
여기서 기다리시면 안 됩니다.	다른 편한 곳에서 기다리실 수 있도록 안내해 드리겠습니다.
지금은 사용할 수 없습니다.	곧 사용하실 수 있도록 준비해 드리겠습니다.

6) 맞장구화법

맞장구화법은 승객의 말을 적극적으로 듣고 반응하여 원활한 의사소통을 돕는 대화 기법이다. 단순히 듣기만 하는 것이 아니라, 공감, 감탄, 반복, 질문 등을 통해 대화를 자연스럽게 이어가는 것이 핵심이다. 특히 승무원의 역할에서는 고객과의 긍정적인 관계 형성을 위해 맞장구화법이 필수적이다. 고객이 자신의 의견이나 감정을 표현할 때 적절한 반응을 보이면 신뢰감을 높일 수 있으며, 서비스 만족도를 극대화할 수 있다.

맞장구화법을 효과적으로 활용하면 고객이 존중받고 있다는 느낌을 받을 뿐만 아니라, 기내에서 더욱 편안하고 즐거운 경험을 하게 된다.

(1) 공감형 맞장구

상대방의 감정을 이해하고 공감하는 반응을 보임

고객과의 감정적 교감을 형성하여 친밀감을 높이는 효과가 있음

예시:
"정말 그렇죠!"
"네, 많이 공감돼요."

(2) 반복형 맞장구

상대방의 말을 반복하거나 요약하여 관심을 표현

고객이 말한 내용을 정확히 이해하고 있음을 보여주는 역할을 함

예시:
"해외여행이 처음이시군요!"
"비행기가 크다고 느끼셨군요!"

(3) 감탄형 맞장구

상대방의 이야기에 감탄하거나 긍정적인 감정을 표현

고객의 경험이나 의견을 존중하며 긍정적인 분위기를 조성하는 데 도움을 줌

예시:
"우와! 대단하세요!"
"정말 멋지네요!"

(4) 질문형 맞장구

상대방이 말을 이어갈 수 있도록 질문을 던짐

고객과의 대화를 더욱 자연스럽고 풍부하게 만들어 관계 형성을 돕는 역할을 함

예시:
"어떤 점이 가장 기대되세요?"
"어떤 메뉴가 가장 맛있으셨나요?"

(5) 안심형 맞장구

상대방이 불안해 할 때 안심시키는 표현을 사용

고객이 불안이나 긴장을 느낄 때 차분하게 대응하여 신뢰를 형성하는 데 효과적임

예시:
"걱정하지 않으셔도 됩니다."
"승무원이 옆에 있으니 편하게 말씀해 주세요!"

7) 칭찬화법

칭찬화법은 상대방의 긍정적인 점을 발견하고 언어적으로 표현하여 대화의 분위기를 밝게 만들고, 상대방에게 자신감을 심어주는 대화 기법이다. 효과적인 칭찬화법을 위해서는 고객의 행동에 관심을 가지고 세심하게 관찰한 뒤, 이를 진정성 있게 표현하는 것이 중요하다. 단순하고 형식적인 칭찬이 아니라, 고객이 보여준 노력이나 장점을 구체적으로 언급하면 더욱 자연스럽고 진심 어린 칭찬이 될 수 있다. 이를 통해 친밀감을 형성하고 원활한 소통을 이끌어낼 수 있으며, 궁극적으로는 서비스 만족도를 높이는 데 큰 도움이 된다.

(1) 행동 칭찬형

- 상대방이 한 행동이나 노력을 칭찬하는 방식
- 고객이나 동료의 긍정적인 행동을 인정하여 동기부여를 제공

"짐을 직접 정리해 주셔서 감사합니다! 덕분에 더 원활하게 진행할 수 있었습니다."
"탑승을 질서 있게 해주셔서 저희도 업무를 편하게 진행할 수 있었어요."

(2) 능력 칭찬형

- 상대방의 능력이나 기술을 칭찬하는 방식
- 고객이나 동료의 강점을 인정하여 자신감을 북돋아줌

"정말 준비를 철저히 하셨네요! 여행을 계획적으로 하시는 것 같아요."
"외국어를 능숙하게 사용하시네요! 해외여행 경험이 많으신가 봐요."

(3) 성격 칭찬형

- 상대방의 태도나 성격적 특성을 칭찬하는 방식
- 상대방의 긍정적인 성향을 인정하여 친밀감을 형성

"고객님께서는 정말 친절하시네요! 저희도 덕분에 기분 좋게 응대할 수 있었습니다."
"차분하게 대기해 주셔서 감사합니다. 덕분에 더욱 원활하게 도와드릴 수 있었습니다."

8) 미러링(Mirroring) 화법

미러링(Mirroring)은 상대방의 말투나 표현을 자연스럽게 따라하면서 대화를 부드럽게 이어가는 방법이다. 사람은 자신과 비슷한 행동을 하는 상대방에게 심리적으로 안정감을 느끼는 경향이 있다. 미러링(Mirroring)을 활용하면 대화가 자

연스럽고 편안하게 이어지며, 상대방과의 신뢰 관계를 형성하는 데 도움이 된다.

예를 들어, 고객이 차분한 어조로 이야기하면 비슷한 톤으로 대응하고, 고객이 자주 사용하는 표현을 자연스럽게 활용하면 대화가 더 편안해진다. 단순히 따라하기보다 상대방의 감정과 분위기에 맞춰 자연스럽게 조절하는 것이 중요하다.

미러링(Mirroring) 핵심 포인트

- 상대방의 말투, 표현, 감정을 적절히 반영한다.
- 기계적으로 따라하는 것이 아니라, 자연스럽게 조절해야 한다.
- 친밀감이 높아지고, 대화가 원활해진다.

9) 스몰 토크(Small Talk)

스몰 토크(Small Talk)는 부담 없이 가벼운 주제로 나누는 짧은 대화로, 처음 만난 사람과도 어색하지 않게 대화를 이어가고 친근한 분위기를 만드는 데 도움이 된다. 처음 대화를 시작할 때 자연스럽게 말을 꺼낼 수 있도록 돕는 역할을 하며, 상대방과 편안하게 소통할 수 있도록 분위기를 부드럽게 만들어준다. 스몰 토크를 할 때는 일상적인 이야기나 공통 관심사를 주제로 삼는 것이 좋다. 스몰 토크에 적합한 주제는 다음과 같다.

(1) 여행 관련

"어디로 여행 가시는 중인가요?"

"이번 여행에서 가장 기대되는 순간이 있으세요?"

(2) 날씨와 환경

"오늘 하늘이 맑아서 경치가 참 좋네요!"

"따뜻한 나라로 가시는군요! 여행하기 딱 좋은 날씨 같아요."

(3) 기내 서비스 및 음식

"기내식 중 어떤 메뉴가 가장 마음에 드셨나요?"

"음료는 어떤 걸 선호하세요?"

(4) 관심사 및 취미

"책을 읽고 계시네요! 어떤 책인가요?"

"좋아하는 영화 장르가 있으세요?"

스몰 토크 주제 선택 시 주의할 점

- 너무 개인적인 질문은 피하기: 나이, 직업, 가족, 연봉 등
- 논쟁이 될 수 있는 주제 피하기: 정치, 종교, 민감한 이슈 등
- 상대방이 대화를 원하지 않을 경우 무리하게 이어가지 않기

3 불만 고객 응대법

1) 불만 응대의 중요성

객실승무원은 승객과 가장 가까이에서 소통하는 서비스 제공자로서, 기내에서 발생하는 다양한 불만 사항을 원활하게 해결하는 것이 매우 중요하다. 승객의 불만을 적절히 응대하는 것은 단순한 문제 해결을 넘어, 고객 만족도 제고와 항공사의 신뢰도 향상에 직결되는 요소이므로, 이에 대한 이해와 대응 역량이 필수적이라 할 수 있다.

불만 응대의 중요성

(1) 고객 만족도 향상

- 항공 서비스는 물리적인 제품이 아닌 경험을 제공하는 특성이 있으므로, 고객이 느끼는 만족도가 서비스 품질 평가에 중요한 기준이 된다.
- 승무원이 불만을 성의 있게 응대하고 적극적으로 해결하려는 노력을 보인다면, 고객의 신뢰가 높아지고 긍정적인 인상을 심어줄 수 있다.
- 연구에 따르면, 불만을 원만하게 해결한 경우 고객의 재이용 의향이 증가하는 '서비스 회복(Service Recovery) 효과'가 나타날 수 있다. 즉, 신속하고 적절한 대응을 통해 고객이 만족감을 느끼게 되면 오히려 충성도가 높아질

가능성이 있다.

- 승무원의 대응 태도는 고객이 항공사를 평가하는 중요한 기준이 되므로, 서비스 응대의 질은 기업의 이미지 및 경쟁력과도 밀접한 관계가 있다.

(2) 기내 환경의 특수성

승무원은 기내 환경의 특성을 충분히 이해하고, 제한된 자원 속에서도 유연하고 효과적인 해결책을 제시할 수 있는 역량을 갖추는 것이 중요하다.

- 제한된 공간: 기내는 물리적 이동이 제한된 환경이므로, 불편함을 즉시 해소하지 않으면 승객의 불만이 더욱 커질 수 있다.
- 자원 제한: 항공기 내에서 제공할 수 있는 자원이 한정적이므로, 승무원은 이용 가능한 대안을 신속하게 제시할 수 있어야 한다.
- 장시간 비행: 고객이 불만을 해소하지 못한 상태에서 장시간 기내에 머물 경우, 불편함이 가중될 수 있으며, 이는 기내 서비스와 안전 전반에 영향을 미칠 가능성이 있다.

(3) 기내 안전 유지

승무원의 역할은 단순히 서비스 제공에 국한되지 않으며, 기내 질서 유지 및 승객의 편안한 여행 경험을 보장하는 데에도 중요한 영향을 미친다.

- 승객의 불만이 적절히 해결되지 않을 경우, 감정이 격해질 가능성이 있으며, 이는 기내 질서 유지에 부정적인 영향을 미칠 수 있다.
- 승객 간의 갈등이나 승무원과의 언쟁으로 발전할 경우, 불필요한 긴장감이 조성될 수 있으며, 일부 상황에서는 보안상의 문제로까지 이어질 가능성도 있다.
- 반면, 승무원이 침착하고 공손하게 대응하면서 승객의 감정을 이해하고 안정시키는 역할을 수행한다면, 기내 분위기를 보다 원활하고 쾌적하게 유지할 수 있다.

(4) 기업의 수익성 향상

승무원의 불만 응대 역량은 단순히 고객을 만족시키는 수준을 넘어, 기업의 지속적인 성장을 위한 중요한 요소라고 할 수 있다.

- 고객이 불편을 해소하지 못하면 주변에 아쉬운 경험을 공유할 가능성이 있으며, 이는 기업의 이미지와 신뢰도에 영향을 미칠 수 있다.
- 새로운 고객을 유치하는 데 드는 비용과 시간을 고려할 때, 기존 고객이 계속 이용할 수 있도록 돕는 것이 더욱 효율적이며, 이는 기업의 지속적인 성장에 긍정적인 영향을 미칠 수 있다.

2) 불만 고객의 유형

항공 서비스를 이용하는 고객들은 각기 다른 기대와 경험을 가지고 있으며, 이에 따라 불만을 제기하는 방식도 다양하다. 고객이 느끼는 불편함이 같더라도 어떤 고객은 적극적으로 문제 해결을 요구하는 반면, 어떤 고객은 불만을 표현하지 않고 속으로만 불편함을 느낄 수도 있다. 또한, 일부 고객은 감정적으로 불만을 표출하며 강하게 항의를 하기도 한다. 이처럼 고객마다 불만을 표현하는 방식이 다르기 때문에, 효과적인 응대를 위해서는 고객의 유형을 먼저 이해하고 이에 맞는 대응 전략을 적용하는 것이 중요하다.

고객의 불만 유형

불만 유형	세부 설명
항공편 지연 및 취소	예정된 시간보다 늦게 출발하거나 취소된 항공편에 대한 불만
수하물 문제	분실, 지연, 파손된 수하물 문제
서비스 질	승무원의 태도나 서비스의 질이 기대에 미치지 못하는 경우
기내 식사	식사의 질이 낮거나, 선택의 폭이 제한적, 사전 요청한 특별 식사가 제공되지 않는 경우
좌석 문제	좁은 좌석 공간, 불편한 좌석, 예약한 좌석과 다른 좌석에 배치됨
장애인 서비스	장애인 승객을 위한 서비스 제공 실패, 휠체어 손상 또는 잘못된 취급
차별 문제	인종, 국적, 성별 등에 따른 차별에 대한 불만

(1) 적극적 불만 고객(Complainers)

이 유형의 고객은 문제가 발생했을 때 즉각적으로 불만을 표현하며, 승무원에게 빠른 해결을 요구하는 특징이 있다. 단순히 불만을 제기하는 것에 그치지 않고, 해결 방안을 직접 제시하거나 적극적인 조치를 요청하는 경우가 많다. 이들은 서비스 개선을 원하는 의도가 크기 때문에 적절한 대응이 이루어지면 오히려 브랜드에 대한 신뢰도가 높아지고, 재이용률이 증가할 가능성이 크다.

응대 전략

적극적 불만 고객에게는 공감을 바탕으로 한 신속한 해결이 중요하다. 승객이 원하는 바를 정확히 파악하고 가능한 범위 내에서 즉각적인 조치를 취하는 것이 효과적이다. 만약 해결이 어려운 경우에는 대체 가능한 방안을 제시하며, 상황을 명확하게 설명하는 것이 필요하다.

(2) 소극적 불만 고객(Passive Complainers)

소극적 불만 고객은 서비스에 대한 불만을 느끼더라도 이를 직접적으로 표현하지 않는 경우가 많다. 이들은 승무원에게 직접 항의하기보다는 속으로 불만을 품거나, 여행이 끝난 후 온라인 리뷰나 SNS를 통해 부정적인 의견을 남길 가능성이 높다. 직접적으로 문제를 제기하지 않기 때문에 승무원이 이를 인지하지 못하면 서비스 개선의 기회를 놓칠 수도 있다.

응대 전략

소극적 불만 고객의 경우, 승무원이 먼저 다가가 상태를 체크하고 피드백을 유도하는 것이 중요하다. 이를 위해서는 담당 승무원이 관심을 가지고 세심하게 승객을 살피는 것이 필요하다. 불편함을 직접 말하기 어려워하는 고객도 편안하게 의견을 말할 수 있도록 분위기를 조성하는 것이 효과적이다. 또한, 서비스 품질 향상을 위해 고객이 직접적으로 불만을 표현하지 않더라도, 다양한 방식으로 피드백을 받을 수 있는 환경을 마련하는 것이 필요하다.

(3) 감정적으로 항의하는 고객

감정적으로 불만을 제기하는 고객은 논리적인 해결책보다 감정적인 해소를 원할 가능성이 높다. 이들은 불편함을 겪으면서 감정이 격해진 상태로 강하게 항의할 수 있으며, 때로는 목소리를 높이거나 과격한 표현을 사용할 수도 있다. 특히 기내에서는 이러한 고객이 주변 승객들에게까지 영향을 미칠 수 있기 때문에 신속한 대응이 필요하다.

응대 전략

감정적으로 격앙된 고객에게는 먼저 감정을 진정시키는 것이 가장 중요하다. 공감하는 표현을 사용하여 승객의 감정을 안정시키고, 상황을 침착하게 정리하는 것이 효과적이다. 문제 해결이 필요한 경우라도 승객의 감정이 가라앉은 후에 논리적으로 해결책을 제시하는 것이 바람직하다.

기내 서비스의 불만 유형

서비스 질 문제	구체적 상황
승무원의 불친절	승객이 요청을 했을 때 승무원이 무시하거나 거친 언어로 응답하는 경우
응답 지연	승객의 서비스 요청에 승무원이 30분 이상 늦게 응답하는 경우
부적절한 서비스 제공	종교식을 요청했으나, 요청된 식사를 제공받지 못할 경우
정보의 부정확성 또는 부족	항공편 지연이나 게이트 변경 정보를 승객에게 제때 제공하지 않거나 정확하지 않은 경우
개인적 배려 부족	임산부나 노약자가 특별한 좌석 배정을 요청했으나 적절한 배려를 받지 못하는 경우

3) 불만 고객 응대 스킬 9단계

(1) 1단계 경청

- 불만을 제기하는 고객의 말을 주의 깊게 듣는다. 이때 중요한 것은 고객이

모든 이야기를 마칠 때까지 끊지 않고 듣는 것이다. 이 과정에서는 고객의 주장과 감정을 정확히 파악하기 위해 집중하는 태도가 필요하다.

(2) 2단계 공감

- 고객이 겪고 있는 문제나 불편에 공감을 표현한다. “정말 답답하셨겠어요.” 또는 “그 상황이 많이 힘드셨겠네요.” 같은 말로 고객의 감정을 이해하고 인정한다는 것을 보여준다. 이는 고객과의 신뢰를 구축하는 데 도움이 된다.

(3) 3단계 원인 분석

- 고객의 불만 원인을 철저히 분석한다. 고객의 설명을 바탕으로 문제의 근본적인 원인이 무엇인지 파악하고, 필요하다면 추가적인 정보를 요청하거나 확인한다.

(4) 4단계 사과하기

- 문제가 발생한 것에 대해 진심으로 사과한다. 사과는 “저희 실수로 불편을 드려 정말 죄송합니다”와 같이 고객의 불편을 인정하고 책임지는 태도를 보여준다.

(5) 5단계 해결책 제시

- 분석을 통해 파악한 문제를 해결할 수 있는 구체적인 방안을 제시한다. 예를 들어, 제품 교환, 수리, 환불 등 고객의 문제를 해결할 수 있는 명확한 해결책을 제공한다.

(6) 6단계 대안 제시

- 제시한 해결책이 고객의 기대나 요구를 만족시키지 못할 경우, 다른 대안

을 제안한다. 이는 고객에게 선택권을 제공하여 그들이 상황을 통제할 수 있도록 도와준다.

(7) 7단계 적극적으로 해결하기

- 고객의 동의를 얻은 해결책을 신속하고 정확하게 실행한다. 이 과정에서 고객과의 소통을 지속하며 진행 상황을 알려준다.

(8) 8단계 문제 해결 확인

- 문제 해결 후 고객에게 연락하여 해결책이 고객의 기대에 부합하는지, 그리고 그들의 만족도를 확인한다. 이는 문제가 완전히 해결되었는지 검증하는 과정이다.

(9) 9단계 후속 조치하기

- 마지막으로, 고객의 피드백을 받아 향후 서비스나 제품의 개선에 반영한다. 이는 고객 불만을 미래에 더 효과적으로 관리하고 예방하는 데 중요한 역할을 한다.

④ 기내 난동승객 대처 요령

1) 기내 난동승객의 유형

기내 난동승객이란 항공기 내에서 규정을 어기거나 다른 승객과 승무원의 안전을 위협하는 행위를 하는 승객을 의미한다. 이러한 행동은 승무원의 업무를 방해하고, 기내 질서를 어지럽히며, 심할 경우 항공기 운항에 직접적인 위험을 초래할 수도 있다. 항공사의 규정을 어긴 난동승객에 관한 사례는 여러 형태로 발생할 수 있다.

기내 난동승객 유형의 예시

승객 유형	특징 설명
음주 과다 승객	과도한 음주 후 비이성적이거나 공격적인 행동을 보이며, 승무원 지시 불이행, 다른 승객 괴롭힘 등의 문제를 일으킴
스트레스 받는 승객	비행 두려움, 개인적 문제 등으로 인해 과도한 스트레스를 받고, 예측 불가능한 행동이나 공황 발작을 보일 수 있음
요구가 많은 승객	비현실적인 서비스 요구, 작은 문제에 대한 불만 표출 등으로 승무원에게 과도한 부담을 주는 승객
무례한 승객	다른 승객이나 승무원에게 무례한 행동을 하거나, 인종적, 성적 농담을 하는 등의 행위로 불쾌감을 줌
규칙을 무시하는 승객	안전 벨트 미착용, 금연 규정 위반, 기내 안전 지침 무시 등 안전 규정을 따르지 않는 행동을 하는 승객

최근 다음과 같은 사유로 기내 난동승객의 대응법이 강화되었다.

- 항공 안전 강화: 항공기 안전은 항공사와 항공 산업에서 가장 중요한 우선순위 중 하나이다. 난동승객이 항공기의 안전 운항을 위협할 수 있기 때문에, 항공사와 규제 기관은 승객의 안전을 보장하기 위해 강력한 대응 조치를 마련하고 있다.

- 국제 규제 및 법적 요구 사항: 국제민간항공기구(ICAO) 및 다른 항공 규제 기관들은 기내에서의 안전과 질서 유지를 위한 명확한 규정과 지침을 제시하고 있다. 이러한 규정들은 항공사가 난동승객을 효과적으로 관리하고 필요한 경우 적절한 법적 조치를 취할 수 있도록 지원한다.
- 승객의 증가 및 항공 여행의 대중화: 전 세계적으로 항공 여행 승객 수가 증가함에 따라 다양한 배경과 문화를 가진 사람들이 한정된 공간에서 시간을 보내게 되었다. 이로 인해 발생할 수 있는 갈등의 가능성이 높아지고, 이에 대응하기 위한 체계적인 절차와 규정이 필요하게 되었다.
- 사회적 인식의 변화: 과거에 비해 승객들의 권리에 대한 인식이 향상되고, 불만 사항을 적극적으로 표현하는 경향이 증가하였다. 이에 따라 승무원의 교육과 훈련이 더욱 강화되어, 각종 상황에 대처할 수 있는 능력을 키우는 것이 중요해졌다.
- 공공 이미지 및 항공사의 명성 유지: 기내에서 발생하는 사건은 종종 뉴스 미디어를 통해 대중에게 알려지며 항공사의 이미지에 영향을 미칠 수 있다. 따라서 항공사들은 기내 난동과 같은 사건을 효과적으로 관리함으로써 자사의 긍정적인 명성을 유지하고자 한다.

2) 난동승객 대응법

(1) 1단계: 침착한 대응과 자제 요청

- 승객이 큰 소리로 화를 내거나 불만을 표현할 때, 감정을 건드리지 않고 차분하게 응대한다.
- “불편을 느끼신 점이 있으시면 말씀해 주세요. 제가 도와드릴 수 있는 부분을 찾아보겠습니다.” 같은 부드러운 표현을 사용해 진정을 유도한다.
- 승객과 마찰이 커지기 전에 객실사무장 또는 보안 담당자와 협력하여 빠르게 대처할 준비를 한다.

(2) 2단계: 공식적인 경고 및 상황 기록

- 승객이 계속해서 난동을 부릴 경우, 규정을 설명하고 협조를 요청한다.
- "기내에서는 다른 승객분들의 안전과 편안한 여행을 위해 이러한 행동이 허용되지 않습니다"라고 안내한다.
- 필요한 경우, 사전 안내 후 녹화를 진행하여 승객의 불법적인 행동이 기록될 수 있음을 알린다.

(3) 3단계: 응대 종료와 보안 및 경찰 협조 요청

- 여러 차례 경고 후에도 승객이 계속 문제를 일으킬 경우, 더 이상 대화가 어렵다는 점을 설명하고, 피해 승무원은 현장을 벗어난다.
- 심각한 난동이 지속될 경우, 기장에게 보고하고 도착 공항의 경찰과 협력하여 추가 조치를 준비한다.
- 필요할 경우, 보안 장비(예: 보호 장갑, 수갑 등)를 사용하여 승객을 안전하게 통제할 수 있다.

(4) 난동승객 응대 시 유의사항

- 절대 감정적으로 대응하지 않는다.
- 승객을 자극하는 말을 피하고, 최대한 차분한 태도를 유지한다.
- 위험 상황에서는 혼자 해결하려 하지 말고, 동료 승무원 및 객실사무장에게 보고한다.
- 승객의 폭력적인 행동이 심각한 경우, 즉시 기장과 경찰에 협조 요청을 한다.

Challenge Quiz

Q1 고객 응대의 기본이 되는 화법을 3개 이상 설명하고, 예를 들어보세요.

Q2 불만 고객 응대 스킬 9단계를 설명해 보세요.

Q3 기내 난동승객 대응법 3단계를 설명해 보세요.

AIRLINE
CABIN SERVICES

부록

객실승무원의 채용

1 국내 항공사 채용 절차

항공사를 비롯한 모든 기업은 각자 선호하는 인재상이 있다. 특히 항공사마다 추구하는 인재상이 다르고, 채용 절차에서도 차이를 보인다. 따라서 지원자는 자신이 관심 있는 항공사를 철저히 분석하고, 해당 기업의 가치와 요구사항에 맞는 지원 전략을 세우는 것이 중요하다. 이는 단순히 취업 준비를 넘어, 기업에 대한 관심과 열정을 효과적으로 표현하는 첫걸음이 될 수 있다.

저비용 항공사의 경우, 경쟁력을 강화하기 위해 다양한 특화 서비스를 제공하고 있는 만큼, 창의적이고 개성이 뚜렷한 인재를 선호하는 경향이 있다. 특히, 자신의 장기와 전문성을 바탕으로 회사의 발전에 기여할 수 있는 지원자에게 더 큰 관심을 보이기도 한다. 따라서 지원자는 자신의 강점을 명확히 파악하고 이를 바탕으로 항공사의 니즈에 부합하는 역량을 효과적으로 어필해야 할 것이다.

1) 채용 절차

국내 항공사의 객실승무원 채용 절차는 항공사마다 다소 차이가 있지만, 일반적으로 서류 전형 → 면접(1차, 2차) → 체력 검사 및 영어 시험 → 신체검사 → 최종 합격 및 교육 과정으로 이루어진다. 항공사마다 세부 절차와 선호하는 인재상은 다를 수 있지만, 서비스 마인드, 외국어 능력, 체력 및 신체 조건이 중요한 평가 요소가 된다.

(1) 서류전형

- 지원자의 기본 자격 및 항공사 기준 적합 여부를 평가
- 어학 성적, 서비스 경험, 자기소개서 등을 종합 검토

(2) 1차 면접(실무진 면접, 그룹 면접, 영상면접)

- 형식: 그룹(다대다), 개인면접 또는 영상면접
- 내용: 기본적인 서비스 태도, 커뮤니케이션 능력, 위기 대응력 등을 평가

(3) 2차 면접(임원 면접, 심층 평가)

- 형식: 임원진 및 고위급 인사 참여(다대다)
- 내용: 직무 이해도, 위기 상황 대처 능력, 인성 검사 포함

(4) 체력 검사 및 영어 시험(일부 항공사)

- 체력 검사: 대한항공, 아시아나항공 등 일부 대형 항공사는 체력 테스트 실시(수영 테스트 포함)
- 영어 시험: TOEIC Speaking, OPIC, 항공사 자체 영어 테스트 진행

(5) 최종 신체검사

기내 근무 적합 여부 판단

주요 항목: 시력, 혈압, 청력, 균형 감각, 키 측정

항공기 환경에서 안전하게 근무할 수 있는 신체 상태 확인

최근 온라인 영상면접 및 AI 면접이 항공사 채용 과정에서 점점 더 중요해지고 있다. 특히 비대면 채용 트렌드가 확산되면서, 객실승무원을 포함한 다양한 직군에서도 이러한 면접 방식을 채택하고 있다.

- **영상면접(온라인 PT면접)**

제한시간 : 3분

- **사전과제**

1. 자기소개/지원동기 및 면접질문에 대한 답변을 간략하게 요약한 내용을 작성
2. 1페이지 이내 분량으로 구성하되, 파일명 및 문서양식은 자유롭게 작성
3. 사전과제는 PDF 파일 형식으로 업로드, 최대 업로드 용량 10MB

과제 제출 : 응시 사이트에 제출

• **온라인 PT 순서**

1. 자기소개 2. 지원동기 3. 면접질문 Pool에서 질문 1개 선택 후 답변

✓ 영상촬영 유의사항

1. 본인 확인을 위하여 마스크를 착용하지 않은 상태에서 단정한 복장으로 촬영
   * 객실승무원 유니폼 또는 이와 유사한 복장 착용 금지
2. 렌즈에 색이 들어간 안경, 선글라스, 모자 등 착용 지양
3. 밝고 조용한 실내에서 촬영
   * 지원자 기타 정보 및 신분 노출 가능한 배경 요소 배제
4. 자기소개 및 면접질문에 대한 답변을 완벽하게 암기할 필요 없으며, 촬영 중간 제출한 사전 과제 등 참고하여 답변 가능

✓ 평가 요소

- 커뮤니케이션 능력: 지원자의 발음, 전달력, 논리적인 답변 평가
- 서비스 마인드: 미소, 표정, 태도 및 승무원 이미지 적합성
- 위기 대응력: 예상치 못한 질문에 대한 대응력 확인
- 외국어 실력: 영어 자기소개, 영어 면접 포함 가능

1. AI 역량검사란?

AI 역량검사는 인공지능(AI)을 활용하여 지원자의 직무 적합성과 역량을 평가하는 채용 방식이다. 기존의 면접 및 필기시험과는 달리, AI 시스템이 지원자의 언어 표현, 표정, 감정, 문제 해결 능력, 사고력, 성향 등을 분석하여 평가하는 방식이다.

1) AI 역량검사의 진행 방식

AI 역량검사는 일반적으로 온라인 플랫폼을 활용하여 진행하고 지원자는 웹캠과 마이크가 있는 PC 또는 노트북을 활용하여 응시한다.

① 지원자 로그인 및 기본 정보 입력
② AI 면접(영상 질문 응답, 행동 분석)
③ AI 게임(인지 능력 테스트, 문제 해결 능력 평가)
④ 성향 분석(기업 문화 및 조직 적합성 평가)
⑤ 최종 평가 결과 자동 분석 및 보고서 생성

2) AI 역량검사의 주요 평가 항목

(1) AI 면접(영상 면접)
자기소개 및 경험 질문 (예: "본인을 소개해 주세요.")
상황 대처 질문 (예: "비행 중 고객이 불만을 제기하면 어떻게 해결하겠습니까?")
지원 동기 및 직무 적합성 질문 (예: "객실승무원이 되기 위해 어떤 준비를 해왔나요?")
표정 및 감정 분석: AI가 지원자의 미소, 긴장도, 신뢰감을 분석

(2) AI 게임(역량 테스트)
인공지능 기반의 게이미피케이션 방식 테스트
기억력, 논리적 사고, 문제 해결력, 패턴 분석 능력 등을 평가
예) "빠르게 나타나는 숫자 패턴을 기억하고 입력하세요."

(3) 성향 분석(조직 적합성 테스트)
지원자의 가치관과 성향을 분석하여 기업 문화와의 적합성 평가
예) "고객의 요구 사항이 많을 때, 어떻게 대처하는 것이 가장 적절할까요?"

3) AI 역량검사의 주요 목적

- 지원자의 직무 적합성 평가 – 기업이 원하는 인재상과 얼마나 부합하는지 분석
- 객관적이고 공정한 평가 – 편견을 최소화하고 동일한 기준으로 평가 가능
- 채용 시간 단축 – AI가 자동으로 분석하여 인사 담당자의 업무 부담 경감
- 비대면 채용 프로세스 강화 – 온라인으로 지원자가 어디서든 응시 가능

특히 항공사 객실승무원 채용에서는 AI 역량검사가 서비스 마인드, 커뮤니케이션 능력, 감정 표현 등을 평가하는 중요한 도구로 활용됨

2) 지원 자격

국내 및 국제 항공사의 객실승무원 채용 시 요구되는 지원 자격은 항공사별로 다소 차이가 있지만, 기본적인 공통 요건이 있다. 객실승무원의 주요 역할은 기내 안전 관리와 승객 서비스 제공이기 때문에 신체 조건, 외국어 능력, 서비스 경험 등이 중요한 평가 요소로 작용된다.

- 학력: 기졸업자 또는 해당 연도 졸업예정자
- 신체 조건: 항공기 비상장비 조작 및 안전업무 수행이 가능한 체격
- 신장: 일반적으로 160cm 이상(여성), 170cm 이상(남성)
- 시력: 교정시력 기준 양안 1.0 이상(색맹, 색약이 없어야 함)
- 수영 능력: 기본적인 수영 능력 요구(일부 항공사는 수영 테스트 시행)
- 어학 능력: 영어 필수(TOEIC, TOEFL, OPIC, 영어 면접 진행)/제2외국어 우대

2 국외 항공사 채용 절차

1) 에미레이트항공

출처: 에미레이트 홈페이지

(1) 인재상

- 긍정적인 태도, 밝은 에너지를 가진 사람
- 서비스 마인드와 안전 의식을 잘 갖추고 있는 사람
- 타인을 배려하는 겸손한 마음을 가진 사람
- 서비스 경험이 풍부하고 다양한 문화의 경험이 있는 사람

(2) 지원자격

- 고등학교 졸업 이상
- 키(여성) 160cm 이상 / 암리치 212cm 이상
- 시력: 교정시력 1.0 이상
- 유창한 영어 작문과 구사 능력(제3외국어 구사 시 가산점)
- 유니폼 착용 시 보이는 곳에 문신이 없는 자
- UAE의 취업 비자 요건을 충족하는 자

(3) 채용 절차

에미레이트항공은 중동 3대 항공사로 한국인 채용이 많이 이루어지는 항공사 중 하나이다.

채용 절차는 채용 시기마다 조금씩 차이가 있으며 보통 하루에 모두 진행된다.

서류전형 (CV drop) → 1차 발표능력테스트 (신체 측정) → 2차 그룹 토론 → 3차 영어테스트 → 4차 1:1 혹은 1:2 최종 면접

2) 중국동방항공

출처: 중국동방항공 홈페이지

(1) 인재상

- 중국어를 기본으로 영어 능력을 갖추고 있는 사람
- 원만한 대인관계 능력과 서비스 마인드를 갖춘 사람
- 다양한 문화와 환경에서 근무하게 되므로 새로운 상황에 빠르게 적응할 수 있는 사람
- 단정하고 신뢰감을 주는 외모를 갖추고 있으며 외부에 드러나는 흉터가 없는 사람

(2) 지원자격

- 전문학사 이상(2년제 대학 졸업자 또는 졸업예정자)
- 여성: 키 164cm 이상 175cm 이하
- 남성: 키 176cm 이상 182cm 이하
- 시력: 교정시력 1.0 이상
- HSK 3급 이상(필수), TOEIC 550 이상(필수)
- 중국어 회화 능력이 뛰어난 자
- 유니폼 착용 시 보이는 곳에 문신과 흉터가 없는 자
- 중국의 취업 비자 요건을 충족하는 자

(3) 채용 절차

중국동방항공은 외국 항공사 중에서 한국 승무원을 가장 많이 채용하는 항공사 중 하나이다.

중국 국적의 항공사인 만큼 중국어에 대한 역량을 중요시하는 기업이다.

채용 절차는 한국에서 이루어지며 상해 본사의 임원진이 한국으로 방문하여 최종 임원면접이 진행된다. 중국동방항공의 신체검사는 비교적 까다로운 편이라 한국에서 기본적인 신체검사를 진행하고 최종 합격한 사람들은 상해 본사의 지정병원에서 다시 한번 진행된다.

채용 절차는 진행되는 시기마다 변경 가능성이 있다.

서류전형 →
1차 한국어 면접 →
2차 영어 혹은 중국어 면접 →
3차 신체검사 (한국 진행) →
4차 임원면접 →
5차 본사 지정병원 신체검사

Reference

문희정, 양지혜, 양혜련(2021). 비행 전 준비 & 이륙 전 서비스. 센게이지러닝코리아

문희정, 양지혜, 양혜련(2022). 이륙 후 준비 & 비행 중 서비스. 센게이지러닝코리아

문희정, 양지혜. 양혜련(2021). 착륙 전 준비 & 착륙 후 서비스. 센게이지러닝코리아

박수미, 배윤미(2020). 항공객실서비스론. 양성원

박연옥, 윤선정, 박윤미(2023). 항공객실업무. 센게이지러닝

장태선, 박지현, 김은주(2021). 항공객실 업무론. 새로미

조호상, 김홍범(2021). 항공사 지상서비스 품질이 고객만족에 미치는 영향. 관광레저연구. 33(11): 329-346

대한항공 뉴스룸 홈페이지

대한항공 홈페이지

법무부 홈페이지

아시아나항공 홈페이지

에미레이트 항공 홈페이지

에어로케이 홈페이지

에어부산 홈페이지

에어서울 홈페이지

에어프레미아 홈페이지

이스타항공 홈페이지

제주항공 홈페이지

진에어 홈페이지

티웨이항공 홈페이지

파라타에어 홈페이지

항공여행 홈페이지

저자 소개

문희정

경희대학교 일반대학원 관광학박사
한양대학교 국제관광대학원 관광학석사

현) 한라대학교 호텔항공외식경영학과 조교수
　(사)한국관광레저학회 학술위원회 부위원장
전) 장안대학교 항공관광과 조교수
　두원공과대학교 항공서비스과 조교수
　한국관광레저학회 대학생학술위원회 부위원장
　(주)대한항공 객실승무부 국제선승무원

김정은

경희대학교 일반대학원 관광학박사
경희대학교 관광대학원 관광학석사

현) 한라대학교 호텔항공외식경영학과 조교수
　(사)한국관광레저학회 대학생학술부위원장
전) 한국호텔관광외식경영학회 이사
　중국동방항공유한공사 객실승무부 사무장

강다이

경희대학교 일반대학원 관광학박사
강남대학교 국제대학원 국제항공서비스경영학석사

현) 청주대학교 항공서비스학과 강사
　(사)한국관광레저학회 사무국 간사
전) 서정대학교 항공서비스학과 겸임교수
　중원대학교 항공서비스학과 초빙교수
　(주)대한항공 객실승무부 국제선승무원

저자와의
합의하에
인지첩부
생략

처음 배우는 항공객실업무

2025년 7월 15일 초판 1쇄 인쇄
2025년 7월 20일 초판 1쇄 발행

지은이 문희정·김정은·강다이
펴낸이 진성원
펴낸곳 (주)백산출판사
교 정 성인숙
본문디자인 신화정
표지디자인 오정은

등 록 2017년 5월 29일 제406-2017-000058호
주 소 경기도 파주시 회동길 370(백산빌딩 3층)
전 화 02-914-1621(代)
팩 스 031-955-9911
이메일 edit@ibaeksan.kr
홈페이지 www.ibaeksan.kr

ISBN 979-11-7385-040-0 93980
값 25,000원